D1618214

Harald Gabel

Erfolgreich handeln

mit Turbos und Optionsscheinen

© Copyright 2004:
BÖRSENMEDIEN AG, KULMBACH

Druck: Ebner & Spiegel GmbH

Gabel, Harald:
Erfolgreich handeln
mit Turbos und Optionsscheinen

ISBN 3-922669-54-9

BÖRSEN MEDIEN
AKTIENGESELLSCHAFT

Postfach 1449 · 95305 Kulmbach
Tel. 09221-90510 · Fax 09221-67953

Inhalt

Einleitung

Mit Turbo-Zertifikaten können Anleger sowohl auf steigende als auch auf fallende Kurse bei Aktien, Indizes, Devisen, Rohstoffen oder Zinsen setzen. Da der Begriff Turbo-Zertifikat meistens als Oberbegriff verwendet wird, nutzt man die in der Börsensprache geläufigen Begriffe für steigende (Bull) oder fallende (Bear) Märkte, um den Typ genauer zu charakterisieren. Der Preis eines Turbo-Bull-Zertifikats legt folglich mit steigenden Notierungen des Basiswerts zu. Ein Turbo-Bear-Zertifikat verteuert sich hingegen bei sinkenden Preisen des Basisobjekts. Alternativ bezeichnet man Turbo-Bear-Zertifikate auch als Short-Zertifikate. Mit „short" bezeichnet ein Börsianer ein Geschäft, bei dem er auf fallende Kurse spekuliert. Das Gegengeschäft hierzu ist „long". Somit sind „short" und „long" sinnverwandte Worte für Bear und Bull beziehungsweise für fallende oder steigende Kurse. Um die Verwirrung komplett zu machen, verwenden manche Emittenten bei Turbos auch die Begriffe „Put" und „Call".

Im Vergleich zu einem Direktinvestment können mittels Turbo-Zertifikaten bei geringerem Einsatz überdurchschnittliche Gewinne erzielt werden. Gegenüber Optionsscheinen sind Turbo-Zertifikate hinsichtlich der Preisentwicklung weitaus transparenter. Zudem sind Turbo-Zertifikate in der Regel weitaus billiger als Standard-Optionsscheine. Der geringere Einsatz wiederum hat

Aktien, Indizes, Devisen, Rohstoffe und Zinsen bezeichnet man als Basiswert, Basisobjekt oder Underlying. Von der Tendenz des Basiswerts hängt die Entwicklung des Turbo-Zertifikats ab.

1

zur Folge, dass die Hebelwirkung – auf die später eingegangen wird – höher ausfällt. Dies bedeutet, dass mit Turbo-Zertifikaten höhere Gewinnchancen als mit Optionsscheinen verbunden sind.

Allerdings besitzen Turbo-Zertifikate auch einige Nachteile, die nicht verschwiegen werden sollen. So kommt die Hebelwirkung sowohl bei steigenden als auch bei fallenden Kursen des Basiswerts zum Tragen. Höheren Gewinnchancen stehen somit auch höhere Verlustrisiken gegenüber. Im Gegensatz zu Optionsscheinen können Turbo-Zertifikate bereits vor Laufzeitende fällig werden. Bei einigen Varianten ist damit auch automatisch der Totalverlust verbunden.

Turbo-Zertifikate

U m erfolgreich mit Turbo-Zertifikaten handeln zu können, ist es wichtig, deren Funktionsweise zu verstehen. Allerdings ist hierfür nicht zwangsläufig notwendig, das mathematische Modell hinter dem Hebelinstrument zu kennen. Vielmehr genügt es, wenn man zunächst die wichtigsten Zusammenhänge kennt. Der Kauf eines Turbo-Bull-Zertifikats kann mit einem kreditfinanzierten Erwerb des Basiswerts (zum Beispiel Aktie oder Index) verglichen werden. Ein Anleger A möchte beispielsweise in den Dax investieren, der die Entwicklung der 30 größten deutschen börsennotierten Unternehmen widerspiegelt. Entsprechend dem Indexstand von 3.284 Punkten müsste der Anleger hierfür 3.284 Euro aufbringen. Gewinnt der Dax einen Punkt, so verdient dieser Anleger ebenfalls einen Euro. Um einen Kursgewinn von beispielsweise zehn Prozent zu erzielen, müsste der Dax um 328,40 Punkte (entspricht 328,40 Euro) ansteigen. Der Anleger B will ebenfalls sein Geld im Dax anlegen. Von den 3.284 Euro bringt er selbst 1.284 Euro auf. Den Rest leiht er sich bei der Bank. Steigt nun der Dax wiederum um 328,40 Punkte, so gewinnt Anleger B ebenfalls 328,40 Euro hinzu. Da er aber nur 1.284 Euro selbst aufgebracht hat, entspricht dies einem Gewinn von 25,6 Prozent. Diesen überdurchschnittlichen Kursgewinn bezeichnet man als Hebeleffekt. Der Hebel eines Turbo-Zertifi-

Inzwischen können Anleger die gängigsten Indizes als Index-Zertifikate oder als Index-Fonds erwerben. Dabei entspricht der Wert des Zertifikats oder Fonds häufig einem Bruchteil des jeweiligen Index. Beide Wertpapierarten entwickeln sich parallel zum Index.

kats ist der Faktor, um den sich der Preis des Zertifikats stärker als das Basisobjekt verändert, wenn dieses um ein Prozent steigt oder fällt. Die Berechnung des Hebels ist sehr einfach: Preis des Basiswerts dividiert durch den Kurs des Knock-outs. Da gelegentlich mehrere Turbos notwendig sind, um genau einen Anteil des Basiswerts zu besitzen, muss ferner das Bezugsverhältnis beachtet werden:

Hebel = (Preis des Basiswerts x Bezugsverhältnis) / Kurs des Turbos.

Auf diese Art und Weise kann auch der Hebeleffekt, den Anleger B erzielt, ermittelt werden:

Hebel = 3.284 / 1.284 = 2,56

Der Hebel von 2,56 besagt nun, dass Anleger B bei einem Dax-Anstieg um ein Prozent mit dem Turbo 2,56 Prozent gewinnt. Logischerweise verdient Anleger B 25,6 Prozent, wenn der Dax zehn Prozent zulegt. Das heißt, der Hebel ist eine einfach zu berechnende Kennzahl, womit der Käufer schon vorab seine Gewinnchancen abschätzen kann.

Die Vorteile einer solchen kreditfinanzierten Spekulation sind also die im Vergleich zum Direkt-

Um zu verdeutlichen, dass sich Short-Zertifikate entgegengesetzt zur Notierung des Basisobjekts entwickeln, setzt man vor dem Hebel ein Minus-Zeichen.

Die Hebelwirkung gilt sowohl bei steigenden als auch bei fallenden Notierungen! Gewinnchancen und Verlustrisiken sind also im Vergleich zum Direktinvestment weitaus höher.

investment höheren Gewinnchancen. Auf der anderen Seite sind aber auch die Risiken höher. Fällt der Dax um 328,40 Punkte, so verliert Anleger A zehn Prozent, Anleger B dagegen 25,6 Prozent.

Die Hebelwirkung eines Turbos ist mit einer Wippe vergleichbar. Der Basispreis entspricht in diesem Bild dem Drehpunkt der Wippe. Je näher der Basispreis an den momentanen Kurs heranrutscht, umso größer ist auch die Hebelwirkung. Kleine Veränderungen auf der linken Seite (entspricht kleinen Preisschwankungen beim Basisobjekt) führen auf der anderen Seite zu großen Schwankungen (hohe Preisveränderungen beim Turbo).

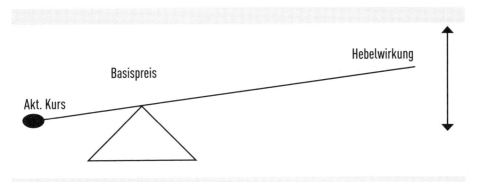

Im Vergleich zu Optionsscheinen lassen sich zwar höhere Hebelwirkungen erzielen, allerdings besitzen Turbos einen beträchtlichen Nachteil: Wird die Stop-Loss-Barriere berührt oder bei Bull-Zertifikaten unter- beziehungsweise bei Bear-

Zertifikaten überschritten, so wird das Papier sofort fällig. Der Anleger erhält – je nach Ausstattung und Emittent – entweder den Restwert erstattet oder der Turbo verfällt wertlos. Hier sind eindeutig Optionsscheine im Vorteil, da eine kleine Schwächeperiode auch schon einmal überstanden werden kann.

Tipp: Nur wer ununterbrochen seine Position in Turbo-Zertifikaten beobachten kann, sollte sich an hochhebligen Zertifikate herantrauen. Ansonsten sollten Anleger auf einen ausreichenden Abstand von mindestens fünf Prozent achten.

Turbo-Zertifikate auf den Dax
Turbo-Bull-Zertifikate

Im vorangegangenen Beispiel wurde die grobe Funktionsweise von Turbos beschrieben. Niemand verleiht aber normalerweise Geld ohne Zinsen zu verlangen. Fraglich ist zudem, was geschieht, falls einmal das vom Anleger eingesetzte Eigenkapital verloren ist, weil der Dax eingebrochen ist.

Tatsächlich diente das Beispiel lediglich dazu, den wichtigsten Kern eines Turbo-Zertifikats darzustellen. Um Knock-out-Produkte zu beschreiben, bedarf es jedoch einiger weiterer Details. Der im Beispiel erwähnte Kreditbetrag entspricht bei Dax-Turbos dem Basispreis. Die Höhe des Basispreises (also die Höhe des Kredits) ist entscheidend für den Preis eines Turbo-Zertifikats. Je näher der Basispreis an den aktuellen Indexstand herangerückt wird, umso weniger Eigenkapital

Um das Risiko, das sich für den Emittenten durch den Verkauf von Hebelprodukten ergibt, auszugleichen, wird im Gegenzug ein Absicherungsgeschäft (Hedge) getätigt. Gewinne der Anleger werden durch einen Profit des Emittenten bei der Absicherung ausgeglichen.

muss der Anleger aufbringen. Dies bedeutet zugleich, dass mit sinkendem Preis des Turbos die Hebelwirkung steigt.

Die Turbo-Zertifikate von ABN Amro verfügen zudem über eine „Reißleine" in Form einer zusätzlichen Stop-Loss-Marke. Der Hintergrund ist folgender Gedanke: Fällt der Dax unter seinen Basispreis – das Eigenkapital ist also vollständig aufgezehrt – so erleidet der Anleger einen Totalverlust. Um dies zu vermeiden, wurde eine weitere Barriere vorgeschaltet. Der Dax-Turbo wird sofort fällig gestellt, wenn dieses Sicherheitsnetz nur berührt wird (so genannter Knock-out). Im Gegenzug erhält der Anleger – falls vorhanden – einen Restwert erstattet. Die Höhe hängt davon ab, zu welchem Kurs ABN Amro seine Absicherungsposition auflösen kann.

Um den Handel mit Dax-Turbos für Privatanleger zu erleichtern, sind diese gestückelt worden. Um auf die Wertentwicklung eines Dax-Anteils zu spekulieren, werden 100 Dax-Turbos benötigt. Im obigen Beispiel hätte dies bedeutet, dass Anleger B nicht ein Dax-Turbo zum Preis von 1.284 Euro besitzt, sondern 100 zum Kurs von 12,84 Euro.

Bislang wurde ein wichtiger Punkt unterschlagen: Da bei einem Turbo-Zertifikat ein Teil des Anlagebetrags fremdfinanziert wird, muss für diesen Anteil eine Gegenleistung erbracht werden. Der Zinsvorteil des Investors, der durch die Anlage des eingesparten Eigenkapitals entsteht, wird durch eine Prämie ausgeglichen. Normalerweise werden Kreditzinsen nachträglich berechnet. Da der Emittent jedoch nie weiß, ob der Anleger bis zu einem bestimmten Termin seinen Dax-Turbo behält, hat man sich für einen anderen Weg entschieden. Ein Anleger, der heute einen Dax-Turbo kauft, zahlt zunächst für die gesamte Laufzeit die Kreditzinsen (Prämie) vorab. Verkauft er sein Hebelprodukt vorher, so erhält er einen Teil seiner Zinsen wieder zurück. Auf diese Art und Weise hat er nur Zinsen für die Zeit gezahlt, in der er auch den Kredit in Anspruch genommen hat.

Zum besseren Verständnis soll nachfolgendes Beispiel dienen:

Name:	**Dax Turbo-Zertifikat (ABN)**
Typ:	**Bull**
WKN:	**721 679**
ISIN:	**NL0000264349**
Laufzeit:	**03.11.03**
Bezugsverhältnis:	**0,01**
Basispreis:	**2.000,00**
Stop-Loss:	**2.100,00**
Akt. Dax-Stand:	**3.284,75**
Geldkurs:	**13,09**
Briefkurs:	**13,11**

Es handelt sich hierbei um ein Dax-Turbo-Zertifikat von ABN Amro. Die Wertpapierkennnummer (WKN) war bis April 2003 wichtig für die Ordererteilung. Jedes in Deutschland börsennotierte Wertpapier besitzt eine solche WKN.

Damit wurde gewährleistet, dass es nicht zu Verwechslungen bei der Ordererteilung kam. Aufgrund der Internationalisierung der Märkte und der nicht ausreichenden Anzahl an Wertpapierkennnummern können seit Frühjahr 2003 auch Orders mittels der ISIN (International Securities Identification Number) erteilt werden. Diese setzt sich aus zwölf Zeichen zusammen, wobei die ersten beiden Zeichen für die Buchstaben des Emissionslands stehen. Am Anfang der ISIN steht das Länderkürzel NL, da es sich bei ABN Amro um ein niederländisches Bankhaus handelt.

Das Bezugsverhältnis (auch Ratio genannt) gibt an, wie viele Anteile am Basiswert (also dem Dax) der Anleger mit einem Dax-Turbo kontrolliert. Als Standard hat sich hier ein Wert von 0,01 etabliert. Dies bedeutet, dass jeder Turbo einem Hundertstel des Dax entspricht. Einfacher ausgedrückt: Pro Punkt Dax-Anstieg gewinnt der Dax-Turbo 0,01 Euro. Je niedriger das Bezugsverhältnis, umso geringer ist der Preis eines Turbo-Zertifikats. Jedoch sollte man sich hüten, Hebelinstrumente mit unterschiedlichen Bezugsverhältnissen ohne Anpassung zu vergleichen. Diese Umrechnung auf ein einheitliches Bezugsverhältnis bezeichnet man als „Homogenisierung".

Über den Basispreis wird der Kapitaleinsatz des Anlegers gesteuert. Da der Basispreis mit 2.000 Punkten sehr niedrig gewählt wurde, muss der Anleger weitaus mehr Eigenkapital aufbringen als bei einem Basispreis von 2.500 oder 3.000

Bei deutschen Emittenten beginnt die ISIN mit dem Länderkürzel DE, gefolgt von drei Nullen sowie der weiterhin noch existierenden WKN. Beim zwölften Zeichen handelt es sich um eine Prüfziffer.

Nachdem mittlerweile auch Buchstaben (außer O und I) zugelassen sind (alphanumerische WKN) sind einige Emittenten dazu übergegangen, an den ersten zwei oder drei Stellen der WKN ein Emittenkürzel zu setzen. Hierdurch lassen sich schneller die Emittenten des Produkts erkennen.

Zähler. Folglich ist der Hebel zwar geringer, umgekehrt sinkt damit aber auch das Risiko. Auch die Gefahr eines überraschenden Knock-outs wird somit verhindert.

Die Turbos von ABN Amro verfügen darüber hinaus über eine Besonderheit, die so genannte Stop-Loss-Marke. Diese liegt immer leicht über dem Basispreis eines Turbo-Zertifikats. Wird die Stop-Loss-Marke unterschritten, verfällt das Zertifikat nicht zwingend wertlos, da bis zum Basispreis noch ein Puffer besteht. Nach einem K.o. erhält der Anleger den Restwert des Turbos erstattet.

Ein Emittent veröffentlicht immer zwei Preise: einen Geld- und einen Briefkurs (auch als „Bid" und „Ask" bezeichnet). Normalerweise kauft ein Anleger zum (höheren) Briefkurs des Emittenten und verkauft zum (niedrigeren) Geldkurs. Die Spanne zwischen den beiden Preisen (Spread) deckt die Kosten des Emittenten ab, die unter anderem auch für den mittlerweile umfangreichen Service (Internet, Videotext, Newsletter, Broschüren) anfallen. Neben dieser Differenz, die zunächst einen Verlust bedeutet, kommen noch die Gebühren der depotführenden Bank hinzu. Im börslichen Handel kommt gelegentlich auch ein Kurs innerhalb des Spreads zustande. Laut Euwax werden aber über 95 Prozent aller Orders zu den Emittentenpreisen abgerechnet.

Wie oben bereits erwähnt, steigt der Dax-Turbo um einen Cent, wenn der Dax selbst einen Punkt gewinnt. Um die Geld-Brief-Spanne zu verdienen, muss der Dax in diesem Beispiel also um mindestens zwei Zähler steigen. Ab einem Anstieg von drei Punkten erzielt der Investor (vor Bankgebühren) einen Gewinn.

Der Aufschlag auf den Inneren Wert von umgerechnet 12,84 ((3.284 - 2.000) x 0,01) Euro entspricht den Kreditzinsen, die der Käufer zunächst zahlen muss. Die Höhe der Zinsen hängt von der Laufzeit des Turbo-Zertifikats, dem Basispreis und dem aktuellen Zinsniveau ab. Bei diesem Turbo kauft der Anleger also den Dax zum Preis von umgerechnet 32,84 Euro, erhält aber gleichzeitig vom Emittenten einen Kredit von 20,00 Euro. Das Aufgeld auf den Inneren Wert von 0,27 (13,11 – 12,84) Euro entspricht den Finanzierungskosten, die der Käufer zunächst vollständig zu zahlen hat. Bis zum Laufzeitende sinken diese Finanzierungskosten auf Null. Da die Veränderung bei den Finanzierungskosten relativ gering ausfällt, hängt die Kursentwicklung nahezu vollständig von der Performance des Basisobjektes ab.

Der Innere Wert ist bei einem Bull-Zertifikat die Differenz zwischen dem aktuellen Kurs des Basiswerts und dem Basispreis multipliziert mit dem Bezugsverhältnis. Bei einem Bear-Zertifikat ist der Innere Wert die Differenz zwischen Basispreis und aktuellem Underlyingkurs multipliziert mit dem Bezugsverhältnis.

Der Preis eines Turbo-Bull-Zertifikats auf den Dax errechnet sich nach folgender Formel:

= ((Akt. Dax-Stand - Basispreis) + Finanzierungskosten) x Bezugsverhältnis

Die Höhe der Finanzierungskosten hängt ab von der Laufzeit und dem aktuellen Zinsniveau. Hierbei gilt: Ein Turbo-Bull-Zertifikat ist umso teuerer, je länger die Laufzeit und je höher das aktuelle Zinsniveau ist.

Beispiel:

Der Dax steigt von 3.284 auf 3.500 Punkte. Wie viel Prozent gewinnt das obige Turbo-Bull-Zertifikat (Basispreis 2.000 Punkte, Bezugsverhältnis 0,01) und auf welchen Preis steigt der Turbo dann, wenn man aktuell einen Briefkurs von 13,11 Euro unterstellt?

Lösung:

Um die prozentuale Veränderung zu bestimmen, genügt es einfach den Hebel auszurechnen und diesen dann mit der Preisveränderung des Dax zu multiplizieren.

Hebel = 3.284 x 0,01 / 13,11 = 2,50

Preisveränderung Dax = 3.500 / 3.284 -1 = 6,58 Prozent

Kursgewinn Turbo: 2,50 x 6,58 Prozent = 16,45 Prozent

Alternative Berechnung

Zunächst muss die Höhe der Finanzierungskosten aus dem Preis des Turbos herausgerechnet werden.

Hierzu wird der Innere Wert ermittelt:

Innerer Wert =
(3.284 - 2.000) x 0,01 = 12,84
Finanzierungskosten: 13,11 - 12,84 =
0,27 Euro

Achtung:

Bezugsverhältnis beachten: Pro Dax-Aktie
betragen die Finanzierungskosten 27,00
Euro!
Wert des Turbo-Bull-Zertifikats:
((3.500 - 2.000) + 27) x 0,01
= (1.500 + 27) x 0,01 = 15,27 Euro
Kontrolle: 15,27 / 13,11 -1 = 1,1648 - 1
= 0,1648 = 16,48 Prozent

Der Preisunterschied von 0,03 Prozent ist
auf Rundungsfehler zurückzuführen.

Turbo-Bear-Zertifikate

Mit Turbo-Zertifikaten lässt sich jedoch nicht
nur auf einen steigenden Dax spekulieren. Anleger können auch von einem sinkenden Indexstand profitieren. Hierfür hat ABN Amro so genannte Turbo-Bear-Zertifikate begeben, die auch
als Short-Zertifikate bezeichnet werden. Um die
Konstruktion eines Turbo-Bear-Zertifikats zu
verstehen, ist es erst einmal wichtig, sich grundsätzlich Gedanken darüber zu machen, wie an
der Börse Geld verdient wird. Letztendlich kauft
ein Anleger eine Aktie, ein Index-Zertifikat oder
einen Fonds und versucht sein Wertpapier dann

später wieder teurer zu verkaufen. Wie kann man jedoch an fallenden Aktiennotierungen verdienen, wenn es keine Derivate gibt? Dies kann dann erreicht werden, wenn die Reihenfolge Kaufen/Verkaufen vertauscht wird. Wenn ein Anleger auf sinkende Preise setzen möchte, dann müsste er zunächst ein Wertpapier verkaufen, das er allerdings nicht besitzt, und dann später wieder zurückkaufen. Diese Reihenfolge von Transaktionen bezeichnet man als Leerverkauf. Allerdings kann ein Investor an einer Börse nur etwas verkaufen, was sich auch in seinem Depot befindet. Folglich muss sich der Anleger das Wertpapier zunächst von einem Dritten leihen. Man spricht in diesem Zusammenhang auch von der Aktienleihe. Hierfür wird natürlich eine Leihgebühr fällig, die von Basiswert zu Basiswert verschieden ist, aber häufig im einstelligen Prozentbereich liegt. Auf der anderen Seite resultiert aus dem Verkauf ein Bargeldbestand beim Emittenten. Die auf dieses Kapital entfallenden Zinsen stehen dem Käufer des Short-Zertifikats zu. Die Verzinsung ist aber momentan sehr gering, was allerdings angesichts der niedrigen Zinsen auch nicht überraschend ist.

Der Kauf eines Turbo-Bear-Zertifikats kann also auch als Verkauf einer geliehenen Aktie durch den Emittenten interpretiert werden. Dabei werden die Leihekosten gegen Zinserträge verrechnet. Von der Summe ist es dann abhängig, ob es zu einem Auf- oder Abschlag beim Preis des Turbos kommt.

Hat ein Anleger eine Aktie zum Preis von 10 Euro geordert, verkauft das Papier zu 20 Euro und kauft dieses wieder zu 15 Euro zurück, so handelt es sich NICHT um einen Leerverkauf, sondern lediglich um Gewinnmitnahmen.

Bei einem Leerverkauf veräußert ein Anleger eine Aktie, die er selber nicht besitzt, sondern sich von einem anderen Anleger leiht. Der Leerverkäufer beabsichtigt, die Aktie zu einem günstigeren Preis wieder zurückkaufen zu können. Die Differenz zwischen seinem Verkaufs- und Kaufpreis entspricht seinem Gewinn.

Name:	Dax Short-Zertifikat (ABN)
Typ:	Bear
WKN:	658 072
ISIN:	NL0000277531
Laufzeit:	03.11.03
Bezugsverhältnis:	0,01
Basispreis:	4.800,00
Stop-Loss:	4.650,00
Akt. Dax-Stand:	3.284,75
Geldkurs:	15,17
Briefkurs:	15,19

Am leichtesten lässt sich dies wiederum an einem Beispiel erklären. Das Turbo-Bear-Zertifikat auf den Dax besitzt einen Basispreis von 4.800 Euro und ein Bezugsverhältnis von 0,01. Dies bedeutet, dass der Anleger ein Hundertstel vom Dax verkauft und hierfür 32,85 Euro erhält. Gleichzeitig muss er aber auch eine Sicherheitsleistung von 48,00 Euro hinterlegen. Per saldo müsste der Anleger also noch 15,19 Euro zahlen. Die Differenz zum Preis des Emittenten von 0,04 Euro entspricht der Summe aus Leihegebühren plus dem Anleger zustehenden Zinsen.

Der Preis eines Turbo-Bear-Zertifikates errechnet sich nach folgender Formel:

= ((Basispreis - Akt. Dax-Stand) - Finanzierungsüberschuss) x Bezugsverhältnis

Die Höhe des Finanzierungsüberschusses hängt ab von der Laufzeit und dem aktuellen Zinsniveau. Es gilt: Ein Turbo-Bear-Zertifikat ist umso günstiger, je länger die Laufzeit und je höher das aktuelle Zinsniveau ist.

Beispiel:

Der Dax steigt von 3.284 auf 3.500 Punkte. Um wie viel Prozent fällt das obige Turbo-Bear-Zertifikat (Basispreis 4.800 Punkte, Bezugsverhältnis 0,01)? Welcher Preis ergibt sich dann, wenn man einen aktuellen Briefkurs von 15,19 Euro unterstellt?

Lösung:

Hebel =
- 3.284 x 0,01 / 15,19 = - 2,16
Preisveränderung Dax =
3.500 / 3.284 -1 = 6,58 Prozent
Kursverlust:
- 2,16 x 6,58 Prozent = - 14,21 Prozent
Kurs des Bear-Zertifikats:
(1 - 14,21 Prozent) x 15,19 Euro = 13,03 Euro

Alternative Berechnung:

Zunächst muss die Höhe der Finanzierungskosten ermittelt werden. Hierzu wird der Innere Wert berechnet:
Innerer Wert =
(4.800 - 3.284) x 0,01 = 15,16

Finanzierungsüberschuss:

15,16 - 15,19 = - 0,03 Euro

Die Leihekosten übersteigen die Guthabens-
zinsen. Daher ist der Finanzierungsüberschuss negativ!

Achtung:

Bezugsverhältnis beachten: Pro Dax-Aktie
beträgt der Finanzierungsüberschuss -
3,00 Euro!

Wert des Turbo-Bear-Zertifikats:

((4.800 - 3.500) -(- 3)) x 0,01

= (1.300 + 3) x 0,01 = 13,03 Euro

Kontrolle:

13,03 / 15,19 - 1 = - 14,22 Prozent

Der Preisunterschied von 0,01 Prozent ist
auf Rundungsfehler zurückzuführen.

Turbo-Zertifikate auf deutsche Aktien

Wenn das Basisobjekt kein Index, sondern eine
Aktie ist, stößt man gleich auf ein weiteres Problem. Was geschieht mit Dividenden, die während
der Laufzeit ausgezahlt werden? Würden solche
Ausschüttungen, die beim Aktienkurs in der Regel zu einem Kursrückgang führen, nicht berücksichtigt, so könnte man gefahrlos Gewinne
einfahren. Hierzu würde es genügen, am Tag vor
der Hauptversammlung und damit vor der Dividendenausschüttung ein Short-Zertifikat zu
kaufen und dieses dann nach dem Dividen-

Der Dax ist ein so genannter
Performance-Index, bei dem
Dividenden in der Wertentwicklung berücksichtigt werden. Bei
anderen (Preis-)Indizes werden
zwar keine Dividenden ausgeschüttet, in den Berech-
nungsmodellen werden jedoch
die (erwarteten) Dividenden berücksichtigt.

denabschlag mit Gewinn wieder zu verkaufen.
Eine solche Geldmaschine existiert jedoch nicht.
Um Preisänderungen durch Dividendenausschüttungen zu verhindern, wird die Dividende
im Kurs des Turbo-Zertifikats berücksichtigt.
Da ein Turbo-Bull-Zertifikat auf den Dividendenabschlag ohne entsprechende Anpassung
mit fallenden Notierungen reagieren würde,
muss die Dividende quasi schon vorab vom
Preis abgezogen werden. Nach dem Abschlag
wird diese Dividende nicht mehr angerechnet.
Fallen keine weiteren Ausschüttungen während
der Laufzeit an, so verhält sich ein Aktien-Turbo
wie ein Knock-out-Produkt auf einen Index.
Folgendes Beispiel dient dem Verständnis: Die
Aktie der Monster AG notiert bei 102 Euro. Für
den nächsten Tag ist eine Ausschüttung von 2
Euro angekündigt worden. Am Tag nach der
Ausschüttung kostet das Papier 100 Euro. Auf
die Monster-Aktie gibt es ein Turbo-Bull-Zertifikat mit einem Basispreis von 80 Euro und einem
Bezugsverhältnis von Eins. Ohne Berücksichtigung von Zinsen (die hier zur Vereinfachung
vernachlässigt werden) und Dividenden würde
das Turbo-Zertifikat 22 (= 102 - 80) Euro vor
und 20 (= 100- 80) Euro nach der Ausschüttung kosten. Hätte der Anleger statt des Turbo-
Zertifikats die Aktie gekauft, so würde er weder
einen Vermögenszuwachs noch einen Verlust
durch die Ausschüttung erleiden. Vor dem Dividendenabschlag hätte er eine Aktie im Wert von
102 Euro, danach eine Aktie im Wert von 100

Bei US-Unternehmen werden Dividenden oftmals quartalsweise ausgeschüttet. Auch bei einigen europäischen Unternehmen wird mehrmals jährlich eine Dividende gezahlt.

Euro plus 2 Euro Guthaben. Aktienanleger und Zertifikatsinhaber würden also ungleich behandelt werden. Um den Zertifikatsanleger nicht zu benachteiligen, muss folglich der Preis des Turbos vom Zeitpunkt der Emission an um die Dividende verringert werden. Folglich würde das Turbo-Zertifikat am Tag vor der Ausschüttung 20 (= 102 - 80 -2) Euro kosten. Fallen mehrere Dividendenzahlungen in die Laufzeit des Turbo-Zertifikats, so müssen diese natürlich alle von Beginn im Preis berücksichtigt werden.

Wenn man sich nun vorstellt, dass die Dividende ähnlich wie bei einer Anleihe Cent für Cent pro Tag verdient wird, dann ist auch klar, dass beispielsweise drei Monate vor dem Abschlag nicht die volle Ausschüttung berücksichtigt werden muss. Da es natürlich auch etwas umständlich wäre, jede Woche beim Vorstand eines Unternehmens nachzufragen, wie viel Dividende bis heute verdient wurde, behilft man sich eines Tricks: Die während der Laufzeit eines Turbos erwartete Dividende wird einfach auf den heutigen Tag abdiskontiert (Barwert der Dividendenzahlungen). Beim Barwert (oder auch Kapitalwert genannt) handelt es sich um die Summe aller auf den heutigen Zeitpunkt abgezinster Zahlungen. Würde man diesen Barwert zum aktuellen Zins anlegen, dann hätte man am Ausschüttungstag genau den Ausschüttungsbetrag. Dieser Barwert wird nun vom Preis des Bull-Zertifikats abgezogen.

Der Preis eines Turbo-Bull-Zertifikats auf eine Aktie errechnet sich nach folgender Formel:

= ((Akt. Kurs - Basispreis) + Finanzierungskosten - abdiskontierte Dividende) x Bezugsverhältnis

Name:	Siemens Turbo-Zertifikat (ABN)
Typ:	Bull
WKN:	887 716
ISIN:	NL0000328284
Laufzeit:	27.02.04
Bezugsverhältnis:	0,10
Basispreis:	35,00
Stop-Loss:	40,00
Akt. Siemens-Kurs	50,08
Geldkurs:	1,50
Briefkurs:	1,53

Beispiel:
Um die Auswirkung von Dividenden auf den Preis eines Turbos zu verdeutlichen, soll folgendes Bull-Zertifikat dienen.

Die Siemens-Aktie soll bis zum Bewertungstag am 19. Januar von 50,08 auf 55,00 Euro zulegen. Die nächste Dividende wird am 27. Januar in Höhe von 0,47 Euro gezahlt. Welchen Wert besitzt das Turbo-Zertifikat, wenn man a) von einer Laufzeit bis 20. Januar und b) von einer Laufzeit bis 27. Februar ausgeht. Die Finanzierungskosten können am jeweiligen Bewertungstag mit Null angesetzt werden. Welchen Wert hat der Turbo am 19. Januar?

Lösung:

Da die Finanzierungskosten Null sind, besteht der Turbo-Bull zunächst nur aus dem Inneren Wert. Da im Fall a) die Dividende nicht berücksichtigt werden muss, entspricht dies auch dem Kurs des Turbos:
Kurs des Turbos =
(55 - 35) x 0,1 = 20 x 0,1 = 2,00 Euro

Im Fall b) muss jedoch die Dividende berücksichtigt werden. Weil die Dividende bereits eine Woche nach dem Berechnungsdatum fällig wird, kann näherungsweise mit der vollen Dividende gerechnet werden. Vom vorher berechneten Inneren Wert muss lediglich die anteilige Dividende von 0,047 (= 0,47 x 0,1) Euro abgezogen werden. Der Turbo würde im Fall der Berücksichtigung von Dividenden nur 1,953 Euro kosten.

Unterstellt man einen Zinssatz von 2,00 Prozent, dann würde die abdiskontierte Dividende im Beispiel 1,999 Euro betragen. Dieser Rechenfehler ist zu verschmerzen.

Bislang wurde immer darauf hingewiesen, dass mit der Hebelkennzahl nur näherungsweise die tatsächliche Performance berechnet werden kann. Anhand des Rechenbeispiels wird dies ganz deutlich. Da Siemens im Januar seine Dividende zahlt, muss bei diesem Turbo aufgrund seiner Februar-Fälligkeit die Dividende im Kurs berücksichtigt werden. Zur Berechnung der tatsächlichen Performance muss also ein Preis von 1,95 Euro für den Turbo berücksichtigt werden.

Hebel:
$(50,08 \times 0,1) / 1,53 = 3,27$
Veränderung Siemens-Aktie:
$55,00 / 50,08 - 1 = 9,82$ Prozent
Theoretische Performance (Hebel x Performance Siemens-Aktie):
$3,27 \times 9,82$ Prozent $= 32,11$ Prozent
Theoretischer Kurs:
$1,53 \times (1 + 32,11$ Prozent$) = 2,02$ Euro.
Tatsächliche Performance:
$1,95 / 1,53 - 1 = 27,45$ Prozent.

Die Ursache für den Unterschied zwischen der durch die Hebelkennziffer ermittelten Performance und der über die Preisformel bestimmten Kursentwicklung des Turbo-Zertifikats ist vor allem in dem Verlust der Prämie zu suchen. Die Abnahme auf der Seite der Finanzierungskosten überwiegt den Gewinn durch den ansteigenden

Barwert der Dividende. Per saldo verliert das Turbozertifikat Prämie. Dies muss sich zwangsläufig auch in der Performance auswirken. Diese Veränderung kann über den Hebel jedoch nicht einkalkuliert werden, da es sich beim Hebel um eine statische Kennziffer handelt, die ansonsten konstante Rahmendaten voraussetzt.

Beispiel:

Angenommen, die Siemens-Aktie eröffnet am Tag nach der Dividendenausschüttung genau um 0,47 Euro niedriger. Wie verändert sich der Kurs des Turbo-Zertifikats, wenn von konstanten Finanzierungskosten ausgegangen werden kann?

Lösung:

Der Preis des Turbos darf sich nicht verändern. Am Tag vor der Dividendenzahlung muss die Ausschüttung noch in voller Höhe beachtet werden und vom Preis des Turbos abgezogen werden. Da die Finanzierungskosten konstant sein sollen, können diese entweder gleich vernachlässigt werden oder, falls es leichter erscheint, mit einer konstanten Zahl (z.B. 5 Euro) angesetzt werden.

Kurs vor Dividendenausschüttung:
$((55 - 35) - 0,47) \times 0,1 = 1,953$
Der Kurs nach der Dividendenausschüttung beträgt: $55 - 0,47 = 54,53$

Da während der Restlaufzeit keine Ausschüttung mehr stattfindet, muss logischerweise auch keine Dividende berücksichtigt werden.
Kurs nach der Ausschüttung: (54,53 - 35) x 0,1 = 1,953

Bei einem Turbo-Bear-Zertifikat verhält es sich hinsichtlich der Dividende genau umgekehrt wie bei einem Bull-Zertifikat. Statt vom Preis abgezogen, wird die während der Laufzeit anfallende (abdiskontierte) Ausschüttung zum Kurs des Turbos hinzuaddiert. Ein Bear-Zertifikat entspricht dem Verkauf einer geliehenen Aktie durch den Emittenten. Der Leihgeber (Emittent) hätte normalerweise die Dividende erhalten. Diesen Nachteil muss der Leihnehmer (Käufer des Zertifikats) ausgleichen. Auch hier gilt natürlich, dass die Dividende zunächst Cent für Cent verdient werden müsste. Daher wird beim Preis des Short-Zertifikats nur der Gegenwert der abdiskontierten Dividende aufgeschlagen.

Der Preis eines Turbo-Bear-Zertifikates auf eine Aktie errechnet sich nach folgender Formel:

= ((Basispreis - Akt. Kurs) - Finanzierungsgewinn + abdiskontierte Dividende) x Bezugsverhältnis

Name:	Siemens Short-Zertifikat (ABN)
Typ:	Bear
WKN:	237 605
ISIN:	NL0000257905
Laufzeit:	06.10.03
Bezugsverhältnis:	0,10
Basispreis:	60,00
Stop-Loss:	54,00
Akt. Siemens-Kurs	50,08
Geldkurs:	1,22
Briefkurs:	1,25

Beispiel:

Die Siemens-Aktie fällt bis Laufzeitende auf 40 Euro. Welchen Wert besitzt das Short-Zertifikat am Laufzeitende? Was kostet das Short-Zertifikat, wenn Siemens noch während der Laufzeit eine Dividende von 0,47 Euro ausschüttet?

Lösung:

Der Innere Wert am Laufzeitende ist unabhängig von Dividendenzahlungen und errechnet sich als Differenz zwischen dem Basispreis und dem aktuellen Kurs der Siemens-Aktie.

Innerer Wert =
(Basispreis - Akt. Kurs) x Bezugsverhältnis
= (60 - 40) x 0,1 = 2,00 Euro

Da der Turbo vor der tatsächlichen Dividendenzahlung im Januar fällig wird, ist im aktuellen Kurs keine Dividende berücksichtigt. Wird nun stattdessen angenommen, dass es zu einer Ausschüttung von 0,47 Euro kommt, so müsste dies im Preis des Turbos berücksichtigt werden. Da der Preis des Bear-Zertifikats bereits alle anderen Faktoren (Finanzierungsüberschuss) berücksichtigt, muss lediglich auf den Kurs die anteilige Dividende von 0,047 (= 0,47 x 0,1) Euro aufaddiert werden. Das heißt, der Briefkurs des Turbos würde (gerundet) auf 1,30 (= 1,25 + 0,047) Euro steigen.

Turbo-Zertifikate auf Aktien in ausländischer Währung

Bezieht sich ein Turbo beispielsweise auf eine US-Aktie, so beziehen sich der Basispreis und die Stop-Loss-Barriere auf das in Heimatwährung notierte Basisobjekt. Ausnahme sind so genannte „Quanto-Zertifikate", bei denen die Währung im Verhältnis 1:1 umgerechnet wird.

Für die Bewertung eines Turbos müssen also zunächst Basispreis, Stop-Loss-Marke und Underlyingkurs in Euro umgerechnet werden. Gleiches gilt auch für die Dividende. Da die Devisenkurse ständigen Schwankungen unterworfen sind, kann es bereits aufgrund der Währungseinflüsse zu Preisverschiebungen beim Turbo kommen. Daher schwanken auch die Preise von Turbos auf US-Aktien vor Handelsbeginn an der Wallstreet.

Beispiel:

Ein Turbo-Bull-Zertifikat auf US Incorp. besitzt einen Basispreis von 40 US-Dollar. Aktuell notiert die Aktie bei 50 US-Dollar. Wie verändert sich der Innere Wert, wenn das Bezugsverhältnis 0,1 beträgt, der Euro von 1,10 auf 1,15 Dollar steigt und sonstige Finanzierungskosten unberücksichtigt bleiben.

Lösung:

Der Innere Wert (und dies gilt es zunächst zu berechnen) des Turbos beträgt 1,00 (= 10 x 0,1) Dollar. Dieser Wert bleibt unverändert, da sich der Aktienkurs nicht ändert. Wenn der Euro gegenüber dem Dollar steigt, so bedeutet dies umgekehrt, dass der Dollar an Wert verliert. Ein deutscher Anleger, der in Euro rechnet, verliert Vermögen aufgrund der Dollarschwäche. Eine Euro/Dollar-Relation von 1,10 besagt, dass für einen Euro 1,10 Dollar gezahlt werden müssen. Für einen Dollar erhält man folglich 1 / 1,10 = 0,909 Euro. Vor dem Euro-Anstieg kostet der Turbo folglich (gerundet) 0,91 Euro. Nach dem Sprung auf 1,15 Euro bekommt der Anleger für einen Dollar allerdings nur noch 0,870 (= 1 / 1,15) Euro. Obwohl sich das Underlying nicht bewegt hat, sinkt somit der Preis des Turbos von 0,91 auf 0,87 Euro oder 4,4 Prozent. Ohne Rundungsdifferenzen hätte der Wertverlust exakt dem Verlust des US-Dollars gegenüber dem Euro von 4,5 Prozent entsprochen.

Ein steigender Euro führt also zu einem sinkenden Inneren Wert. Dies gilt folglich sowohl für Bull- als auch Bear-Zertifikaten. Demnach wirkt sich ein steigender Euro negativ auf den Preis von Zertifikaten aus, deren Basiswert in anderer Währung notiert.

Mini-Futures

Turbo-Zertifikate waren bei den Anlegern sehr schnell beliebt. Dennoch blieb ein Problem, das Derivaten anhaftet: die begrenzte Laufzeit. Anders als bei Aktien ist also Abwarten nicht möglich. Auf der anderen Seite existierten bei den Anlagezertifikaten schon lange Open-end- oder Endlos-Zertifikate. Was lag da also näher, als die Vorteile der Hebelinstrumente mit denen von Open-end-Zertifikaten zu verknüpfen. So wurde ein Produkt geschaffen, das keine Laufzeitbegrenzung besitzt, aber dennoch eine Hebelwirkung erzielt.

Erneut war es ABN Amro, die mit ihren Mini-Futures als erstes Emissionshaus Turbo-Zertifikate ohne Laufzeitbegrenzung emittierte. Weitere Emissionshäuser folgten, so die Deutsche Bank (WAVE XXL), Commerzbank (Unlimited Turbo-Zertifikate) oder Goldman Sachs (Turbo-Futures). Um sich eindeutig von Turbo-Zertifikaten abzuheben, wählte ABN Amro ganz bewusst auch eine andere Typbezeichnung. Während ein Turbo-Zertifikat auf steigende Notierungen als Bull-Zertifikat bezeichnet wird, heißt es bei den Open-End-Turbos Mini-Future Long oder Long-Zertifikat. Umgekehrt ist das Pendant zum Bear-Zertifikat der Mini-Future Short oder das Short-Zertifikat.

Aufgrund ihrer Konstruktion besitzen Mini-Futures keine Prämie. Alle Faktoren, die über den Inneren Wert hinaus eine Rolle bei Turbo-Zertifikaten spielen, werden auf eine elegante Art und Weise berücksichtigt. Dazu später mehr.

Mini-Futures sind zudem in der Regel günstiger als vergleichbar ausgestattete Turbo-Zertifikate mit Stop-Loss-Barrieren, so dass die Hebelwirkung höher ausfällt.

Darüber hinaus führte der psychologische Vorteil einer – zumindest theoretisch – unbegrenzten Laufzeit zu einer Dominanz von Mini-Futures im Indexbereich. Bei Turbos auf Dax sind mehr als die Hälfte aller ausstehenden Knock-out-Produkte Mini-Futures; beim DJ Euro Stoxx 50 liegt die Quote sogar noch höher.

Mini-Futures auf den Dax

Wie bereits mehrfach erwähnt, handelt es sich beim Dax um einen so genannten Performanceindex. Bei diesem werden die Dividenden in die jeweilige Aktie reinvestiert. Die Wertentwicklung des Dax ergibt sich daher aus der Performance der Einzelwerte sowie den vereinnahmten Dividenden. Aus diesem Grund fallen bei Knock-out-Produkten auf den Dax lediglich Finanzierungskosten in Form von Zinsen an. Die Dividende spielt folglich auch bei der Preisbildung keine Rolle,

Bei Turbo-Zertifikaten werden die Ausschüttungen im Kurs berücksichtigt. Daher besitzen Bull-Zertifikate ein „Aufgeld" und Bear-Zertifikate dagegen ein „Abgeld".

Bei den Mini-Futures werden die Zinsen nun nicht dem Preis dazugerechnet oder abgezogen, da der Kurs immer dem Inneren Wert entsprechen muss. Stattdessen werden die Zinsen im Basispreis berücksichtigt, weshalb sich der Basispreis eines Mini-Futures auch täglich – wenngleich manchmal auch unmerklich – verändert. Bei einem Bull-Zertifikat muss der Käufer quasi im Voraus die Kreditzinsen zahlen. Diese Kreditzinsen müssen dem Käufer eines Mini-Futures ebenfalls belastet werden. Da man jedoch nicht im Voraus weiß, wie lange der betreffende Käufer das Produkt behält, müssen diese Zinsen tagtäglich neu belastet werden. Dies geschieht bei einem Mini-Future, indem der Basispreis erhöht wird. Hierdurch wird ein Teil des Inneren Werts abgeknabbert als Gegenleistung für den Kredit. Dieser Effekt ist allerdings minimal, wie das folgende Beispiel verdeutlicht.

Beispiel:

Ein Mini-Future (Long) besitzt einen Basispreis von 3.000 Euro. Der marktübliche Kreditzins beträgt 4,5 Prozent. Innerhalb eines Jahres wären also Zinsen in Höhe von 135 (= 3.000 x 0,045) Euro fällig. Pro Tag entspricht dies einem Betrag von 0,37 (= 137 / 365) Euro. Folglich würde der Basispreis des Mini-Futures täglich um 0,37 Euro steigen. Innerhalb eines Monats legt der Basispreis damit um 11,10 (= 0,37 x 30) auf 3.011,10 Euro zu.

Umgerechnet auf ein Mini-Future mit

Höhere Zinsen führen bei einem Long-Zertifikat zu einem stärkeren Anstieg des Basispreises.

einem Bezugsverhältnis von 1:100 bedeutet dies, dass die Zinsen pro Tag 0,37 Cent am Wert knabbern. Bei einem unveränderten Indexstand würde das Papier innerhalb eines Monats so 11,10 Cent verlieren.

Parallel zum Basispreis steigt auch die Stop-Loss-Marke. Bei ABN Amro wird sie jeweils zum 15. eines Monats beziehungsweise des darauf folgenden Börsentags angepasst, falls der prozentuale Abstand zwischen Basispreis und Stop-Loss-Marke einen bestimmten Wert unterschreitet (in der Regel drei Prozent).

Bei einem Endlos-Bear-Turbo müssen dem Anleger Zinsen gutgeschrieben werden. Folglich muss der Basispreis sinken. Hierdurch nimmt der Innere Wert zu und der Mini-Future gewinnt an Wert.

Beispiel:

Ein Mini-Future (Short) ist mit einem Basispreis von 4.000 Euro ausgestattet. Für Guthaben wird derzeit 1,5 Prozent gezahlt. Innerhalb eines Jahres würde ein Anleger folglich 60 Euro Zinsen erwirtschaften. Dies entspricht einem täglichen Zinsgewinn von 0,16 (60 / 365) Euro. Nach einem Monat würde der Basispreis folglich um 4,80 (= 0,16 x 30) auf 3.995,20 Euro fallen. Die Stop-Loss-Marke wird bei Short-Futures ebenfalls angepasst, falls der

Höhere Zinsen führen bei einem Short-Zertifikat zu einem rascheren Sinken des Basispreises.

Basispreis weniger als drei Prozent über der Stopp-Marke liegt.

Mini-Futures auf den DJ Euro Stoxx 50

Im Gegensatz zum Dax handelt es sich beim DJ Euro Stoxx 50 um einen Preisindex. Der Index spiegelt damit die reine Wertentwicklung der darin vertretenen Aktien wieder. Dividenden bleiben folglich unberücksichtigt. Deshalb werden Derivate auf den DJ Euro Stoxx 50 nicht genauso wie Produkte auf den Dax behandelt. Der Grund hierfür liegt darin, dass ein Depot, das den DJ Euro Stoxx 50 identisch abbildet, aufgrund der vereinnahmten Dividenden eine höhere Performance erzielen würde als der Index selber. Diesen Nachteil, den beispielsweise der Käufer eines Indexzertifikats hätte, muss ausgeglichen werden, da ansonsten risikolose Gewinne möglich wären (Kauf eines Index-Fonds und gleichzeitiger Verkauf eines Index-Turbos). Also werden für den paneuropäischen Index Dividendenausschüttungen berücksichtigt. Dies kann auf unterschiedliche Art und Weise erfolgen, beispielsweise über einen Abschlag auf den Indexstand.

Aus dem gleichen Grund müssen auch bei Mini-Futures die Dividenden der im Index enthaltenen Anteilscheine berücksichtigt werden. Nehmen wir an, dass alle Unternehmen an demselben Tag ihre Ausschüttung vornehmen. Bei einem Turbo-Zertifikat würde diese Dividendenzahlung von Beginn an berücksichtigt werden. Ent-

sprechend würden die Dividenden ein Bull-Zertifikat verbilligen und ein Bear-Zertifikat ver-
teuern. Bei einem Mini-Future (Long) besteht
diese Möglichkeit nicht, da er immer dem Inneren Wert entspricht. Lediglich der Basispreis
kann hier angepasst werden. Für den Anleger ist
die Dividende genau genommen ein Ertrag. Da
(Zins-)Kosten auf den Basispreis aufgeschlagen
werden, müssen Erträge vom Bezugskurs abgezogen werden.

Bei einem Mini-Future (Short) sind Dividendenzahlungen dagegen Kosten, da die Dividenden
vom Leihnehmer an den Leihgeber zu zahlen
sind. Damit der Innere Wert nach der Dividendenzahlung unverändert bleibt, muss folglich
der Basispreis sinken. Fällt der Index exakt um
den „Dividendenabschlag", so würde ein Short-
Zertifikat VOR Dividendenbereinigung an Wert
gewinnen. Durch die Herabsetzung des Basispreises wird dieser Gewinn eliminiert. Auf diese
Art und Weise werden Dividendenausschüttungen ausgeglichen und führen nicht zu unge-
rechtfertigten Verlusten oder Gewinnen.

Nun ist die Annahme, dass alle 50 Unternehmen am gleichen Tag ihre Dividende an die An-
teilseigner zahlen illusorisch. Daher wird immer
dann, wenn eine Zahlung erfolgt, der anteilige
Wert der Dividende berücksichtigt. Übersteigt
die Ausschüttung dann die Finanzierungskosten, sinkt der Basispreis. Da die Hauptversamm-
lungssaison meistens zwischen April und Juni
liegt, werden in diesem Zeitraum überpropor-

Aktuelle Informationen zu den Basispreisen und Stop-Loss-Marken finden Anleger auf den Internetseiten der Emittenten.

tional viele Dividenden gezahlt mit der Folge, dass gerade dann auch die Basispreise der Mini-Futures häufig sinken.

Mini-Futures auf den Dow Jones Industrial

Bei der Wertentwicklung von Mini-Futeres auf den Dow Jones Industrial ist neben den Dividenden der 30 US-Aktien auch noch die Währungsentwicklung von Bedeutung. Wie beim DJ Euro Stoxx 50 werden die einzelnen Dividendenzahlungen im Basispreis berücksichtigt. Da US-Unternehmen in der Regel Quartalsdividenden zahlen, ist die Auswirkung auf den Basispreis allerdings geringer. Für die Berechnung der Zinskosten beziehungsweise -erträge werden die US-Zinssätze herangezogen.

Von entscheidender Bedeutung ist ferner die Relation von Euro zu Dollar. Genauso wie bei Turbos führt ein steigender Euro zu Kursverlusten. Bei einem schwachen Dollar sinkt also der Innere Wert in Euro und damit der Preis des Mini-Futures.

Gegen Währungseinflüsse kann man sich jedoch durch so genannte „Quanto-Zertifikate" schützen. Hierbei wird der Wechselkurs auf Eins zu Eins festgezurrt. Damit ist die Wertentwicklung des Mini-Futures unabhängig von der Tendenz beim Wechselkurs.

Optionsscheine

Eigentlich dachten schon viele, dass mit dem Siegeszug der Turbo-Zertifikate das Ende von Optionsscheinen gekommen wäre. Gerade bei den derzeit niedrigen Impliziten Volatilitäten sind Optionsscheine eine ernst zu nehmende Konkurrenz für Turbos. Es schadet also nicht, auch die Funktionsweise und Besonderheiten dieser Hebelinstrumente zu kennen.

Optionsscheine oder Warrants sind ebenso wie Turbos und Mini-Futures Hebelinstrumente. Im Gegensatz zu den Knock-out-Produkten ist ein vorzeitiges Ende ausgeschlossen. Dafür spielt bei Optionsscheinen die Wahrscheinlichkeit für das Über- oder Unterschreiten eines Basispreises zum Laufzeitende eine Rolle.

Der Preis eines Warrants spiegelt letztlich nichts anderes als die Summe aus dem Inneren Wert und dem Zeitwert wider. Der Innere Wert eines Optionsscheins ist genauso einfach ermittelbar wie der eines Turbo-Zertifikats. Hier gibt es keinerlei Unterschiede. Der Zeitwert dagegen macht einen Warrant zu einem „geheimnisvollen" Wertpapier. Grundsätzlich gilt zunächst: Je mehr Zeit ein Basisinstrument hat, um in die „richtige" Richtung zu laufen, umso wertvoller ist der Optionsschein. Schließlich ist die Chance, dass eine Aktie innerhalb von einer Woche um 10 Prozent steigt, weitaus geringer als der gleiche Anstieg innerhalb eines Monats.

Neben der Laufzeit spielt aber noch die erwarte-

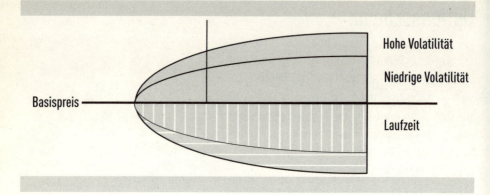

Basispreis

Hohe Volatilität

Niedrige Volatilität

Laufzeit

te Schwankungsbreite (auch Implizite Volatilität oder englisch Implieds genannt) des Basisobjekts eine Rolle. Je „nervöser" ein Basisinstrument ist respektive je stärker die Schwankungen sind, umso wertvoller ist das Optionsrecht. Mit der Stärke der Schwankungsbreite nimmt die Wahrscheinlichkeit einer für den Anleger günstigen Kursentwicklung zu.

Plastisch kann man sich den Wert eines Warrants als „Volatilitäts-Wolke" vorstellen. Da Optionsscheine nur das Recht, nicht aber die Pflicht zur Ausübung verbriefen, entspricht der Wert eines Calls der Fläche über dem Basispreis (siehe Grafik). Der Wert eines Puts wird hingegen durch die Fläche darunter repräsentiert. Steigt nun die Volatilität an, so nimmt die Gesamtfläche zu. Da der Wert des Optionsscheines jedoch nur der Fläche über (Call) oder unter (Put) der Linie gleichsteht, wird der Zuwachs auf der einen Seite nicht durch die andere Seite aufgehoben. Der Wert des Optionsscheins – ob nun Call oder Put – steigt also. Auch Laufzeit-Effekte lassen sich mit dem Schema der Volatilitäts-Wolke erklären: Eine kürzere Laufzeit entspricht einfach einer geringeren „Länge" der Wolke. Somit ist die Wolkenfläche kleiner und der Optionsschein damit auch weniger Wert.

Die wichtigsten Kennzahlen für Optionsscheine

Da es ausreichend gute Fachbücher zu allen Arten von Optionsscheinen gibt, soll an dieser Stelle nur kurz auf einige wichtige Besonderheiten bei Optionsscheinen sowie den wichtigsten Kennzahlen eingegangen werden.

Sensitivität im Bezug auf Kursveränderungen des Basiswerts (Delta)

Das Delta eines Optionsscheins misst die „Reaktion" des Optionsscheinpreises auf die Kursveränderung beim Basiswert. Bei einem Call liegt der Wert zwischen Null und Eins, bei einem Put zwischen minus Eins und Null. Bei einem Call mit einem Delta von 0,45 steigt der Optionspreis um (homogenisiert) 0,45 Euro, wenn das zugrunde legende Basisobjekt um einen Euro steigt. Für Optionsscheinanleger ist nur wichtig zu wissen, dass das Delta einen geschwungenen, teilweise S-förmigen Verlauf über den Basispreis hat. In der Grafik ist das Delta für verschiedene Volatilitäten in Abhängigkeit des Aktienkurses dargestellt. Ein Wert von 100 auf der x-Achse bedeutet, dass der Basispreis dem momentanen Underlyingkurs entspricht. Bei x-Werten über

Sämtliche Kennzahlen lassen sich problemlos bei Datenbankanbietern wie Finanztreff.de oder Onvista einstellen beziehungsweise sind dort sogar schon standardmäßig vordefiniert.

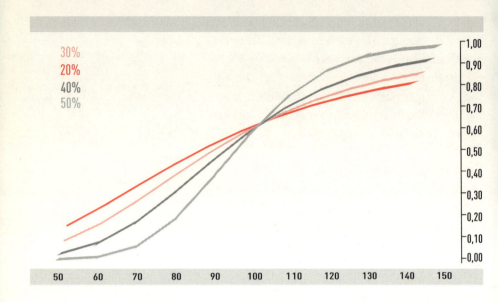

30%
20%
40%
50%

100 liegt der Basispreis unter dem momentanen Preisniveau. Man spricht in diesem Zusammenhang von einem Optionsschein „im Geld". Ist der Optionsschein sehr weit aus dem Geld (der Basispreis liegt bei einem Call weit über dem aktuellen Kursniveau), so reagiert der Warrant zunächst kaum (Delta nahe Null). Umgekehrt bei Optionsscheinen, deren Basispreis weit im Geld ist. Hier reagiert der Warrant auf Kursveränderungen des Underlyings beinahe Eins zu Eins. Die Delta-Kurve ist darüber hinaus abhängig von der Volatilität des Basiswerts. Je weniger das Underlying schwankt, umso steiler verläuft die Kurve in der Nähe des Basispreises. Bei Optionsscheinen auf Devisen, die in der Regel eine geringe Volatilität besitzen, ähnelt der Verlauf des Deltas fast schon einem gespiegelten Z. Op-

Auf der x-Achse ist in der Grafik der Aktienkurs in Prozent des Basispreises angetragen. Ein „Aktienkurs" von 100 besagt, dass das Underlying exakt auf dem Niveau des Basispreises notiert (am Geld). Werte unter 100 verdeutlichen, dass der Kurs des Basiswertes unter dem Bezugskurs liegt. Ein Call notiert dann aus dem Geld. Ein Put würde umgekehrt im Geld notieren.

tionsscheine auf hochvolatile Werte bewegen sich dagegen eher träge.

Einen ähnlichen Effekt hat die Restlaufzeit auf das Delta. Lang laufende Warrants reagieren eher träge auf Kursveränderungen beim Underlying. Spurtstärker sind dagegen – wie in der Leichtathletik – die Kurzläufer. Dies lässt sich wiederum einfach am Bild der Volatilitätswolke verinnerlichen. Bei längeren Laufzeiten und höheren Basispreisen ist die Fläche größer. Wenn das Underlying sich nun verändert, so wirkt sich der Flächenzuwachs bei teuren Scheinen geringer aus.

Sensitivität im Bezug auf Volatilitätsveränderungen des Basiswerts (Vega)

Die Volatilität ist – wie wir oben gesehen haben – ein wichtiger Einflussfaktor auf den Kurs eines Optionsscheins. Zwei Dinge sollte der Optionsscheinkäufer unbedingt verinnerlichen. Erstens gehen steigende Preise beim Basisobjekt mit einer sinkenden Impliziten Volatilität einher. Viele Anleger mussten die negative Erfahrung machen, dass nach einem heftigen Kurssturz (mit einem starken Anstieg der Implieds) spekulative Warrants mit Basispreisen aus dem Geld nur unterproportional stiegen. Teilweise sinken bei weit aus dem Geld befindlichen Calls sogar die Kurse. Die Ursache liegt darin, dass die Kursverluste im Optionsschein, die durch den sinkenden Basiswert entstehen, durch eine steigende Implizite Volatilität abgefedert werden. Die Options-

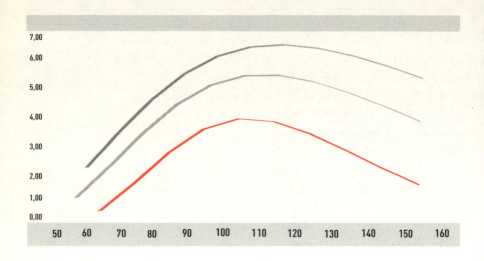

scheine plustern sich also zunächst mit Volatilität auf. Mit der Trendwende und den steigenden
Notierungen sinkt dann jedoch die Volatilität.
Einerseits vergrößert sich die Wolkenfläche wegen der steigenden Notierungen, gleichzeitig
aber wird die Wolke wegen der sinkenden Volatilität gedrückt. Am Ende bleibt nur ein unter-
durchschnittlicher Kursanstieg. Diese Erfahrung
kann durch Kenntnis der Funktionsweise von
Optionsscheinen und insbesondere dem Verhal-
ten der Volatilität verhindert werden.

Ebenfalls wichtig für Optionsscheinanleger ist,
wie der Preis eines Warrants auf Volatilitäts-
schwankungen reagiert. Wie sich der Kurs verhält, lässt sich anhand des Vegas abschätzen.
Bedeutsam ist in diesem Zusammenhang, dass
das Vega um den Basispreis herum am größten
ist. Mit der Restlaufzeit nimmt diese Sensitivität
gleichfalls zu. Folglich können bei lang laufen-

den Optionsscheinen am Geld leichte Veränderungen in der Volatilität enorme Preisveränderungen beim Warrant hervorrufen.

Sensitivität im Bezug auf Laufzeitveränderungen des Optionsscheins (Theta)

Mit abnehmender Restlaufzeit sinkt der Wert eines Optionsscheins, da die Wahrscheinlichkeit für das Erreichen eines deutlich höheren (bei Puts niedrigeren) Niveaus schwindet. Bei einem Optionsschein, der im Geld liegt und daher kaum Zeitwert besitzt, ist dieser Wertverlust weniger dramatisch. Bei weit aus dem Geld stehenden Warrants ist der Zeitwertverlust zwar höher, noch höher ist der Wertverlust allerdings bei Warrants am Geld. In der Schlussphase verlieren solche Optionsscheine dramatisch an Wert. Aus diesem Grund eignen sich kurz laufende Scheine am Geld auch nur für eine sehr kurze Haltedauer (zum Beispiel Intraday-Trading).

Implizite Volatilität

Um Risiken und Chancen eines Optionsscheins abschätzen zu können, ist es von Bedeutung auch Bewertungskennziffern zu kennen. Hier ist an erster Stelle die Implizite Volatilität (die „Fläche einer Wolke") zu nennen.
Mithilfe dieser Größe ist es möglich, verschiedene Warrants mit leicht abweichenden Basispreisen oder Laufzeiten zu vergleichen. Grundsätzlich ist bei ähnlich ausgestatteten Optionsschei-

nen der Warrant mit der geringsten Impliziten Volatilität zu bevorzugen. Dabei gilt es aber darauf zu achten, dass die Scheine halbwegs vergleichbar sind – also keine Laufzeitunterschiede von beispielsweise sechs Monaten vorliegen.

Außerdem sollte berücksichtigt werden, dass kürzer laufende Scheine eine höhere Implizite Volatilität besitzen dürfen. Bei Warrants, deren Basispreis weit über oder unter dem derzeitigen Kursniveau des Underlyings liegt, darf diese erwartete Schwankungsbreite ebenfalls höher sein.

Spread-Move

Diese Kennzahl gibt an, wie stark sich das Underlying bewegen muss, damit der Anleger die Spanne zwischen Geld- und Briefkurs des Emittenten verdient hat. Je geringer dieser Wert ist, umso schneller gelangt der Anleger in die Gewinnzone. Der Spread-Move wird meistens absolut (also z.B. in Euro) angegeben. Teilt man diesen Wert durch den Kurs des Basiswerts, so erhält man den prozentualen Spread-Move. Dieser prozentuale Wert vermittelt oftmals ein besseres Bild von der Chance mit einem bestimmten Warrant Geld zu verdienen. Insbesondere bei Scheinen, die weit aus dem Geld sind, wird deutlich, wie riskant das Engagement sein kann.

Omega

Um das Risiko eines Investments abschätzen zu können, sollten Anleger auch das Omega eines

Warrants beachten. Das Omega gibt näherungsweise an, um wie viel Prozent sich der Optionsscheinpreis bewegt, wenn sich der Basiswert um ein Prozent bewegt. Zwar verwenden viele Anleger gerne bei der Optionsscheinauswahl noch den einfachen Hebel, dieser liefert aber nur einem weit im Geld liegenden Optionsschein halbwegs akzeptable Ergebnisse.

Der Grund für diese Unzulänglichkeit ist die fehlende Berücksichtigung des Zeitwertes und die realitätsfremde Annahme, dass sich der Optionsscheinpreis ähnlich stark bewegen wird wie der Basiswert. Tatsächlich steigt der Optionsscheinkurs nur um das Delta, wenn das Basisobjekt um eine Einheit steigt oder fällt.

Erfolgreiches Traden

Das erfolgreiche Handeln (Traden) mit Optionsscheinen und Knock-out-Produkten beginnt nicht etwa erst mit der Auswahl des richtigen Hebelinstruments oder eines vielversprechenden Basiswerts. Entscheidend ist auch nicht eine hypermoderne Ausrüstung.

Bevor ein Anleger überhaupt mit dem Traden beginnt, sollte er sich über einige grundlegende Dinge im Klaren sein. Wer an der Börse aktiv ist, muss immer mit einem Totalverlust rechnen. Dies gilt vor allem bei Hebelinstrumenten. Nur Anleger, die auch solche schmerzlichen Verluste ohne finanzielle oder psychologische Probleme hinnehmen können, sind für das Traden geeignet. Um nicht in Versuchung zu kommen, mittel- oder langfristige Geldanlage zum Traden zu verwenden, empfehle ich das Zwei-Depot-Modell. Einen Bruchteil des Vermögens, maximal so viel, wie ein Anleger auch als Totalverlust verschmerzen kann, wird auf ein separates Bankkonto transferiert. Eine vernünftige Untergrenze liegt hier bei 1.000 bis 2.000 Euro. Ist dieses Kapital verloren, so eignet man sich aus irgendwelchen Gründen nicht zum Traden.

Diesen Verlust sollte man als Lehrgeld abschreiben. Es ist erst dann wieder sinnvoll, einen neuen Anlauf zu starten, wenn wiederum eine entsprechende Rücklage geschaffen wurde. Niemals sollte Geld in Aktien oder noch spekulativeren Anlagen investieren werden, wenn dieses zu einem bestimmten Zeitpunkt benötigt wird (zum Beispiel für die Anschaffung von Möbeln, Urlaub et cetera.)

Auf der anderen Seite sollten Anleger aber regelmäßig auch Kapital von Konto 2 auf Konto 1 zurücktransferieren. Dies hat zwei Gründe: Einerseits wird so verhindert, dass Gewinne wieder „verzockt" werden. Andererseits bildet man zugleich Rücklagen für die zu zahlende Spekulationssteuer. Diese wird immer fällig, wenn die Freigrenze von 512 Euro Spekulationsgewinn überschritten werden. Zum Spekulationsgewinn zählen alle Gewinne, die innerhalb der Spekulationsfrist in einem Kalenderjahr anfallen. Diese beträgt bei Wertpapieren derzeit ein Jahr.

Die ersten Gewinne sollten in sicheren Anlagen (Geldmarktfonds, Anleihen) investiert werden. Erst später kann dieser Grundstock um Fremdwährungsanleihen, Discount-Zertifikate und Aktien erweitert werden. Ab welcher Summe umgeschichtet wird, kann jeder individuell bestimmen. Sinnvoll erscheint beispielsweise nach einer Verdoppelung des Kapitals einen Teil auf die sichere Seite zu bringen. Nach einer erneuten Verdoppelung wird wiederum ein Teil umgeschichtet. Startete ein Anleger beispielsweise mit 2.000 Euro, dann könnte er beispielsweise bei 4.000 Euro Depotwert 1.500 Euro in Geldmarktfonds anlegen und die restlichen 2.500 Euro wieder zu Spekulationszwecken einsetzen. Hat er diesen Betrag auf 5.000 Euro gesteigert, dann werden erneut 2.000 Euro umgeschichtet.

Sichere Anlageformen sollten in jedem Depot Einzug nehmen. Neben Geldmarktfonds sind dies insbesondere Anleihen höchster Bonität. Aufgrund der derzeit niedrigen Zinssätze sollte die Laufzeit jedoch maximal 3 bis 5 Jahre betragen, da bei steigenden Zinsen Verluste drohen. Eine interessante Alternative sind auch variabel verzinsliche Anleihen. Hier erhält der Anleger oftmals attraktive Zinsen bei einem geringen Kursrisiko. Discount-Zertifikate haben gegenüber Aktien den Vorteil, dass sie ein besseres

Somit hat er nach zwei erfolgreichen Perioden 3.500 Euro in sicheren Geldanlagen und 5.000 Euro in spekulativen Wertpapieren angelegt. Sein ursprünglich eingesetztes Kapital ist ihm in jedem Fall sicher. Selbstverständliche könnte man schneller Millionär werden, wenn kein Kapital abgezogen wird. Aber gerade die letzten Jahre zeigten, dass zwischen Millionär und Mittellosem nur ein schmaler Grad ist.

Wer minütlich die Kursbewegungen studiert, um zu jauchzen, wenn es in die „richtige" Richtung geht, ansonsten aber deprimiert ist, sollte ebenfalls vom Traden Abstand nehmen. Spekulative Anleger sollten auch bedenken, dass Hebelinstrumente heftigen Schwankungen unterliegen.

Der Gesetzgeber hat zudem noch weitere Hürden vorgesehen, um unbedarfte Anleger zu schützen. Zum einen ist dies die Risikoeinstufung durch die Depotbank. Entsprechend dem Anlagevermögen und dem Know-how werden Anleger bestimmten Risikoklassen zugeteilt. Um Hebelinstrumente handeln zu können, wird die Risikoklasse 5 benötigt.

Handeln können Anleger aber erst dann, wenn sie auch die Börsentermingeschäftsfähigkeit besitzen. Hierbei handelt es sich um eine Auflistung von Risiken, die mit Optionsscheinen, Turbo-Zertifikaten und anderen Derivaten verbunden sind. In der Praxis werden jedoch Risikoklasse 5 und Börsentermingeschäftsfähigkeit durch falsche Angaben erschlichen. Ein sehr riskantes Unterfangen!

Chance/Risiko-Verhältnis besitzen. Im aktuellen Umfeld niedrigerer Impliziter Volatilitäten ist der Rabatt gegenüber dem Basiswert jedoch gering. Attraktiv werden Rabattpapiere erst wieder bei höheren Volatilitäten.

Fundamental- oder Technische Analyse?

Da sich Hebelinstrumente immer auf ein Basisinstrument beziehen, steht am Beginn einer jeden Anlage in Optionsscheinen und Turbos die
Analyse des Basiswerts.

Hierbei gibt es zwei Ansätze: die Fundamental-
und die Technische Analyse. Bei der Fundamentalanalyse setzt man Bilanzkennzahlen sowie
Prognosen über die künftige Geschäftsentwick-
lung ein, um einen „fairen" Wert für die Aktie
zu bestimmen. Die Technische Analyse bedient
sich einerseits Kursgrafiken (Charts), aus denen
Formationen und Trends abgeleitet werden. Andererseits kommen Indikatoren (Gleitende
Durchschnitte, MACD, RSI et cetera) zum Einsatz, anhand derer die künftige Kursentwicklung prognostiziert werden soll. Da das Handeln
mit Hebelprodukten eher kurzfristiger Natur ist
und nicht selten Optionsscheine oder Turbos
innerhalb eines Tages ge- und verkauft werden,
erscheint die Technische Analyse die zu be-
vorzugende Methode zu sein. Die Fundamentalanalyse ist hingegen eher bei langfristigen Anlagen zu bevorzugen. Nichtsdestotrotz sollten
Anleger bei der Analyse des Basisinstruments
auch die Fundamentalanalyse zurate ziehen.

Auf welcher Basis der Anleger seine Entscheidun-
gen trifft, bleibt ihm allein überlassen. Es gibt
kein System, das immer erfolgreich ist und jede
Kursbewegung gewinnträchtig ausnutzt. Außerdem hängt das verwendete System auch
zwangsläufig von den persönlichen Ressourcen

und Vorlieben ab. Das Themengebiet Technische Analyse und Tradingansätze lässt sich kaum in einem einzigen Buch umfassend behandeln. Einige Grundbegriffe sollten aber an dieser Stelle vermittelt werden.

Der Chart

Ein Bild sagt mehr als 1.000 Worte – besagt eine alte Weisheit. Daher stellen Techniker den Kursverlauf von Aktien, Indizes, Zinsen oder Rohstoffen in grafischer Form dar. Selbst Kinder können aus den Kursverläufen Auf- oder Abwärtstrends herauslesen. Für den Charttechniker ergeben sich jedoch noch – je nach verwendeter Darstellungsform – weitere Erkenntnisse.

Die einfachste Chartdarstellung ist der Linienchart, bei dem an jeden Tag die Schlusskurse in einem Diagramm eingezeichnet und diese dann mit einer Linie verbunden werden. Detaillierte Informationen zum Geschehen innerhalb eines Börsentages liefern Bar- und Candlestick-Charts. Hier werden zum Schlusskurs noch der erste Kurs des Tages (Eröffnungskurs) sowie das Tageshoch und -tief eingezeichnet.

In einem Chart lassen sich leicht Kursniveaus erkennen, an denen das Wertpapier seine Kursrichtung umkehrte. Liegen diese Preise (in etwa) auf gleicher Höhe, so spricht man von einer Unterstützung (schwarze Linie), wenn das Wertpapier über diesem Niveau notiert und von einem Widerstand (rote Linie), wenn der Basiswert unter diesem Level liegt. Wird eine

Widerstandslinie gebrochen, das heißt die Aktie oder der Index überschreitet das Kursniveau, auf dem sich die Linie befand, dann wird hieraus eine Unterstützungslinie. Umgekehrt wird aus einer Unterstützung ein Widerstand, wenn der Kurs nach unten durchbricht.

Eine Abwärtstrendline lässt sich konstruieren, wenn man aufeinander folgende, fallende Hochpunkte verbindet. Eine Aufwärtstrendlinie ergibt sich durch eine Verbindungsgerade aufsteigender Tiefpunkte. Solche Trendgeraden lassen sich zwar

Je nach verwendeter Chartdarstellung und Ansatzpunkt bei den Verbindungslinien können die Geraden auf einem unterschiedlichen Niveau verlaufen. In einem Linienchart wird eine Trendlinie folglich einen anderen Verlauf haben als bei einer Analyse eines Candlestick-Charts. Wichtig ist nur, dass man sich konsequent an eine Variante hält.

bereits durch zwei Punkte konstruieren, damit eine solche Verbindungslinie auch von charttechnischer Bedeutung ist, muss sie aber zumindest einmal bestätigt werden (siehe Chart).

Das Problematische an Trendbrüchen ist das Herausfiltern von Fehlsignalen. Angenommen die Abwärtstrendgerade verläuft im Dax bei etwa 3.555 Punkten, wäre dann ein Schlusskurs von 3.580 Punkten bereits als Ausbruch zu interpretieren oder nicht? Um diese Frage zu beantworten, kann man eine starre X-Prozent-Regel verwenden. Ein Ausbruch ist dann signifikant, wenn er die Trendlinie um beispielsweise mindestens 3 Prozent über- oder unterschreitet. Der Nachteil dieser Regel liegt jedoch darin, dass Trendwechsel oftmals schon sehr weit fortgeschritten sind und dann nicht mehr ausreichend Potenzial besitzen. Eine Alternative hierzu wäre der Einsatz von Indikatoren. Gemeinhin werden diese Signalgeber für sich allein interpretiert, um Kauf- oder Verkaufssignale zu generieren. Damit sind jedoch häufig gravierende Nachteile verbunden. Eine andere Möglichkeit besteht darin, diese zusammen mit der Charttechnik zu interpretieren. Als Beispiel soll der Dax-Chart gelten. Zum leichteren Verständnis wurde der Dax als Linienchart dargestellt. Zunächst im Einzelnen zu den verwendeten Indikatoren: Der MACD ist ein so genannter Trendfolgeindikator, der auf der Basis von zwei gleitenden Durchschnitten ermittelt wird. Auf den so berechneten Werten (blaue Linie) wird eine Signallinie (schwarz) berechnet. In den meisten Lehrbüchern liest man dann, dass ein Kaufsignal entsteht, wenn der MACD unterhalb der Nulllinie die Signallinie von unten nach oben schneidet.

Der MACD und der RSI wurden hier nur exemplarisch verwendet. Die Liste der Indikatoren ist lang. Da es keinen Signalgeber gibt, der immer hundertprozentig zuverlässig ist, sollten Anleger sich zunächst intensiv mit verschiedenen Typen beschäftigen.

Ein Verkaufssignal wird umgekehrt generiert, wenn der MACD oberhalb der Nulllinie seine Signallinie von oben nach unten schneidet. Diese Interpretation können Sie aber getrost vergessen. Langfristige Berechnung (seit Ende 1959) ergaben, dass mit dieser simplen Strategie gegenüber dem Dax keine signifikante Outperformance möglich gewesen wäre. Der RSI misst quasi die „innere Stärke" einer Kursbewegung. Werte über 70 stellen ein Verkaufssignal, Werte unter 30 ein Kaufsignal dar. Der Blick auf den Chart zeigt jedoch, dass der RSI oftmals im „Niemandsland" pendelt. Auch dieser „Oldie" der Indikatoren, der 1978 von Welles Wilder vorgestellt wurde, sollte nicht standardmäßig interpretiert werden. Tatsächlich kann der RSI

Bei einigen Chartprogrammen können Indikatoren auf Basis historischer Daten auch optimiert werden, das heißt, dass die Einstellungen der Indikatoren so lange variiert werden bis ein möglichst großer Gewinn erzielt wird. Eine solche Optimierung macht nur dann Sinn, wenn die Optimierung in eine Trainings- und eine Testphase unterteilt ist. Nur so erhält man ein Gefühl dafür, wie gut die Optimierung wirklich ist. Ansonsten besteht nämlich die Gefahr, dass ein Handelsansatz, der in den letzten Jahren hervorragend performte, auf einmal zur Geldvernichtungsmaschine wird.

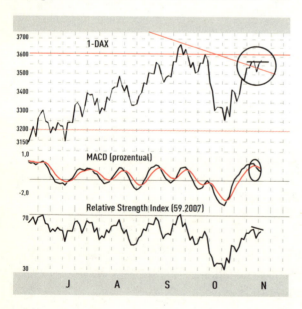

aber ebenfalls charttechnisch interpretiert werden. Auf diese Art und Weise lassen sich dann divergierende (auseinander laufende) Kursverläufe erkennen.

Im Chart erkennt man zum einen das „Verkaufssignal" im MACD, zum anderen einen sich ausbildenden Abwärtstrend im RSI, während die Dax-Schlussstände noch auf gleichem Niveau verharren. Beide Signale widersprechen also der Erwartung eines charttechnischen Ausbruchs. Tatsächlich gaben die Kurse am nächsten Tag deutlich nach und fielen wieder unter die Abwärtstrendgerade zurück.

Neuere Trends

Lange Zeit dominierten bei Chartsoftware die Oldies MACD, Stochastic und RSI. Nach und nach erwiesen sie sich als nicht mehr zeitgemäß. Durch die standardmäßige Interpretation kam es bei den Indikatoren häufig zu Fehlsignalen oder zu einem schlechten Timing.

Inzwischen hat sich auf diesem Feld sehr viel getan. So werden Indikatoren nicht mehr als reine Signalgeber betrachtet, bei denen Anleger aufgrund von geschnittenen Signallinien oder Kehrtwendungen in vorher definierten Zonen handeln. Vielmehr wird auch auf Indikatoren die Charttechnik angewendet. Im Indikator werden also – wie im Chart – Trendlinien sowie Unterstützungs- und Widerstandsbereiche eingezeichnet. Signale entstehen dann wie üblich durch einen Bruch dieser Linien. Weitere Verbesserungen der Signalqualität erhalten Anleger durch Divergenz- und Zonenanalyse. Bei der Divergenzanalyse wird untersucht, ob die Entwicklung zwischen dem Preis des Basisinstruments und dem Indikator auseinander driftet (divergiert). Ist dies der Fall, so sollte dies ein Warnsignal sein. Die Divergenzanalyse lässt sich jedoch nicht zum exakten Timing einsetzen.

Im Telekom-Chart sind Beispiele für die Anwendung der Charttechnik und die Divergenzanalyse von Indikatoren eingezeichnet. Deutlich erkennbar sind die fallenden Hochpunkte im RSI und gleichzeitig steigenden Notierungen der T-Aktie. Diese Divergenz zog sich nahezu über 2 Jahre hin (Punkt 1). Im Frühjahr 2000 war diese unterschiedliche Entwicklung noch deutlicher

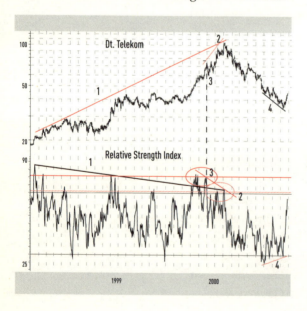

sichtbar (2). Ein gutes Verkaufssignal war dagegen der gescheiterte Anlauf auf die obere, rote Widerstandslinie im RSI. Die Telekom fiel binnen weniger Tage von 72 auf rund 60 Euro zurück. Ein ebenfalls sehr bemerkenswertes Signal entstand durch den fehlgeschlagenen Versuch des RSI über die blaue Resistancelinie zu springen. Zusammen mit der Divergenz (2) war dies ein massives Verkaufssignal. Umgekehrt erkennt man im Punkt 4 eine so genannte positive Divergenz: Obwohl die Aktie weiter fällt, dreht der RSI bereits nach oben. Das Telekom-Papier konnte daraufhin zwar kurzfristig wieder zulegen, jedoch handelt es sich hierbei lediglich um eine Bearmarket-Rallye.

Um die Qualität bei Indikatoren wie beispielsweise RSI oder MACD zu verbessern, wird der Wertebereich in verschiedene Zonen unterteilt. Die Qualität des Signals hängt dann von dem Korridor ab, wo dieses erzeugt wurde.

Neben dem Einsatz dieser Analysemöglichkeiten wurden auch die Indikatoren weiterentwickelt.

Next Generation – Die neuesten Indikatoren

Inzwischen hat sich auch bei der Weiterentwicklung von Indikatoren durch den Einsatz von Computern sehr viel getan. Die Schwächen vieler Indikatoren wurden hierbei eliminiert. So zeigten viele Indikatoren eine gewisse Trägheit, die dazu führte, dass Signale zu spät generiert wurden. Ferner gab es Interpretationsspielraum, weil Signale nicht eindeutig waren.

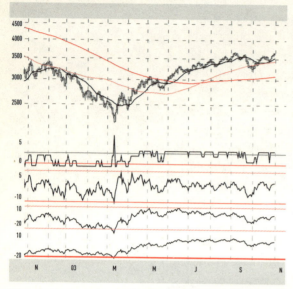

Eine interessante und sehr gelungene Übersicht über neueste Indikatoren und deren Verwendung finden interessierte Leser im Buch von Erich Florek „Neue Trading Dimensionen".

Der Trendanalyzer

Zuletzt möchte ich noch ein einfaches Handelssystem vorstellen. Grundlage sind drei gleitende, gewichtete Durchschnitte. Die Durchschnittsbildung erfolgt dabei über 20-, 90- und 200-Tage. Für jeden Tag wird der Abstand zwischen der Durchschnittslinie und dem Basisobjekt (hier der Dax) ermittelt. Hierdurch lassen sich kurz-, mittel- und langfristige Trends beobachten. Notiert der Dax beispielsweise über der 20-Tage-Linie, so liegt ein kurzfristiger Aufwärtstrend vor und umgekehrt. Wichtig ist nun, wann das

Risiko einer Trendumkehr steigt. Wie man am „Prozentualen Abstand zur 20-Tage-Linie" erkennt, pendelt dieser Indikator häufig um die Nulllinie. Extremwerte von plus oder minus 10 Prozent signalisieren oftmals Übertreibungen. Man könnte auch sagen, der kurzfristige Aufwärts- oder Abwärtstrend ist ermüdet. Gleiches lässt sich für die beiden anderen Abstände erkennen, jedoch liegen deren „Ermüdungsphasen" weiter von der Nulllinie entfernt. Für die beiden anderen Indikatoren wurden Abstände von 15 beziehungsweise 20 Prozent gewählt.

Der Indikator „Trendanalyzer" summiert nicht die errechneten Ergebnisse der einzelnen Abstände auf, sondern summiert diskrete Werte. Für einen Indikatorwert zwischen Null und der oberen „Ermüdungslinie" erhöht sich der Wert des Trendanalyzers um 1. Wird die Ermüdungslinie überschritten (der Trend hat sich tot gelaufen) wird hingegen 3 abgezogen. Umgekehrt wird in einem leichten Abwärtstrend 1 subtrahiert und nach einem Ausverkauf 3 hinzuaddiert. Ein Long-Signal generiert der Indikator, wenn die Summe größer als 2 ist. Ein Short-Signal bei minus 2. Verkauft wird die Position, wenn der Trendanalyzer die Nullinie schneidet. Obwohl das System nicht optimiert wurde (weder der Abstand bis zur „Ermüdungslinie", noch die verwendete Periodendauer) kommt das System auf einen Gewinn von 296 Prozent seit September 1991. Eine Buy-and-Hold-Strategie hätte dagegen nur ein Plus von 150 Prozent erbracht.

Die „Ermüdungslinie" ist ein für jede Aktie und Index individuell zu wählender Abstand zur entsprechenden Durchschnittslinie. Für Trader sollte auch die Perioden variieren (zum Beispiel 11, 17 und 29 Tage).

Was kommt nach dem Kauf?

Die allermeisten Anleger beschäftigen sich immer nur mit dem Kauf. Dabei ist die Aufgabe einer Kauforder noch das Einfachste. Aber was kommt danach? Was sollte man machen, wenn sich die Position nicht in die gewünschte Richtung entwickelt? Die typische Aussage in solchen Fällen: Ich kann nicht mit Verlust verkaufen! Dieser Satz dürfte eine der Ursachen für die hohen Verluste von Anlegern sein, die in der Euphorie 1999/2000 überteuerte Aktien gekauft haben. Weitaus sinnvoller ist es, eine Stopp-Marke zu berücksichtigen. Fällt die Aktie beispeilsweise 20 Prozent unter dem Kaufniveau zurück, dann wird das Papier sofort verkauft. Entsprechende Stop-Loss-Aufträge können bei jeder Bank platziert werden.

Für Hebelinstrumente lässt sich dies nur bedingt umsetzen, da gerade bei Warrants eine Vielzahl von Faktoren eine Rolle spielen. Daher behilft man sich hier besser mit mentalen Stopp-Marken. Hier muss der Anleger den Kurs beobachten und selbst seinen Optionsschein oder Turbo verkaufen. Ob diese mentale Stopp-Marke auf Intraday- oder Schlusskursbasis erfolgt, bleibt jedem selbst überlassen. Angesichts der Hebelwirkung sollte die Stopp-Marke nicht zu weit vom aktuellen Kurs platziert werden, da ansonsten sehr schnell der Optionsschein an Wert verliert oder das Turbo-Zertifikat ausgeknockt wird. Je nach Schwankungsfreude des Basiswerts, der Hebelwirkung des Derivats und der persönli-

Natürlich kommt es vor, dass eine Aktie unter die Stopp-Marke fällt und nach dem Verkauf urplötzlich zum Highflyer wird. Aber erstens ist dies nicht die Regel und zweitens hindert Sie niemand daran, das Papier bei einem neuerlichen Kaufsignal wieder zu ordern.

chen Risikoneigung sollte die Stopp-Marke im Abstand von 3 bis 10 Prozent liegen.

Ist eine Position in den Gewinn gelaufen, dann sollte diese Stopp-Marke nachgezogen werden. Je höher die aufgelaufenen Gewinne, umso weiter kann die Stopp-Marke unterhalb des aktuellen Kurses gesetzt werden. Dagegen sollte man nie eine Position verkaufen, nur weil sie im Gewinn ist. Einzige Ausnahme: Der Wert sprang innerhalb kürzester Zeit um 30, 40 oder mehr Prozent an, dies ist aber eher die Ausnahme. In der Regel sollte man nur dann verkaufen, wenn es Anzeichen für eine Trendwende gibt. Dies kann der Fall sein, wenn beispielsweise wichtige Widerstands- oder Unterstützungszonen nicht überwunden werden konnten oder Trendlinien durchbrochen wurden. Es gibt für eine Aktie keine Begrenzung nach oben, lediglich nach unten – nämlich bei Null.

Ein schönes Beispiel für den Aufstieg und Fall einer Aktie ist der Heidelberger Finanzdienstleister MLP. 1993 konnte man die Aktie des Versicherungs- und Finanzmaklers noch bei umgerechnet rund 2 Euro einsammeln. Ende 2000 mussten schon knapp 180 Euro gezahlt werden. In all diesen Jahren hörte man oft, dass die Aktie zu teuer sei und nicht weiter steigen könne. Der Kursverfall der MLP-Aktie begann mit dem Aufstieg in den Dax. Zunächst wurden die Kursverluste auf die Konsolidierung am Aktienmarkt zurückgeführt. Später kamen massive Short-Spekulationen und der Vorwurf von Bilanz-

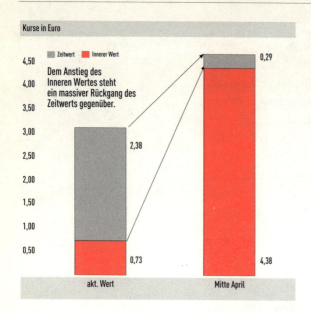

Kurse in Euro

Zeitwert   Innerer Wert

Dem Anstieg des
Inneren Wertes steht
ein massiver Rückgang des
Zeitwerts gegenüber.

0,29

2,38

0,73

4,38

akt. Wert   Mitte April

manipulationen hinzu. Im Oktober 2002 lag das Zwischentief des Papiers bei 5,50 Euro. Wie viele Anleger konnten sich wohl in den ganzen Jahren des Kursrückgangs vorstellen, dass MLP nur noch rund 4 Prozent des einstigen Höchstwertes kosten könnte?

Daher der dringende Rat: Als Anleger sollte man folgende Sätze aus seinem Gedächtnis streichen:

1. Eine Aktie (Index) kann nicht weiter steigen!

2. Eine Aktie (Index) kann nicht tiefer fallen!

3. Ich kann meine Aktie (Optionsschein, Turbo, Zertifikat) nicht mit Verlust verkaufen.

Gerade Punkt 3 ist ein enormes Problem für viele Anleger, wenn einmal Verluste angefallen sind. Es gibt niemanden, der immer nur Gewinne erzielt. Verluste gehören zur Börse. Wichtig ist nur, dass Verluste rechtzeitig begrenzt werden. Nur so besteht die Chance, dass der Investor mit seinen nächsten Trades Gewinne erzielen kann.

Das richtige Hebelinstrument

M ittels der Technischen Analyse und unter Anwendung von Tradingansätzen lassen sich aussichtsreiche Basisobjekte ausfindig machen. Die hieraus abgeleiteten Szenarien können kurzfristiger oder mittelfristiger Natur sein. Die Spekulationsdauer reicht folglich von Stunden oder gar nur Minuten bis hin zu einigen Monaten.

Vor diesem Hintergrund ergibt sich zwangsläufig, dass die Anforderungen an das richtige Hebelinstrument vom jeweiligen Szenario abhängig sind, wobei selbstverständlich auch individuelle Aspekte zu berücksichtigen sind.

Die richtige Wahl macht's

Während ein Aktienkäufer lediglich auf die richtige Aktienauswahl zu achten hat, muss der Optionsscheinkäufer nicht nur einen erfolgversprechenden Basiswert, sondern auch das passende Hebelinstrument finden. Gerade Neueinsteiger müssen oftmals Lehrgeld zahlen, weil bedeutende Grundlagen fehlen. Zwar verlangen die Banken eine Börsentermingeschäftsfähigkeit, in deren Zusammenhang auch eine Risikoaufklärung stattfindet, doch noch immer ist es erschreckend, auf welche Unkenntnis man dabei stößt. Oftmals fehlen bei den Beratern selbst Grundkenntnisse. Erschreckender ist der „Kenntnisstand" nur noch bei manchen Hotlines von Discount-Brokern. Vor allem der Irrglaube

Im Frühjahr 2003 versuchten viele Anleger bei einem Dax-Stand von rund 2.200 Punkten ihr Glück mit Dax-Calls, deren Basispreis bei 3.500 und höher lag. Zwar zog der Index um fast 70 Prozent an, dennoch konnte mit solchen Optionsscheinen kaum richtig Geld verdient werden.

65

spukt noch immer in den Köpfen von Bankberatern und Anlegern, dass nur umsatzstarke Optionsscheine gekauft werden sollten. Der Hintergedanke ist dabei möglicherweise, dass ausgerechnet dieser Warrant aussichtsreich sein soll. Manchmal glauben auch Investoren noch an das Märchen, dass nur liquide Optionsscheine an der Börse verkauft werden können.

Schlechte Ratgeber, wenn es um die Auswahl des richtigen Warrants geht, sind aber auch Gewinner- und Verliererlisten. Noch viel zu oft lassen sich Anleger vom Namen des Emittenten beeindrucken und nutzen nicht die unkomplizierte Möglichkeit im Internet, Preise und Konditionen von ähnlichen Optionsscheinen leicht zu vergleichen. Oftmals bieten verschiedene Emittenten vergleichbare Optionsscheine zu höchst unterschiedlichen Preisen an. Kursdifferenzen von bis zu 100 Prozent sind dabei möglich!

Entscheidend für den Erfolg ist die Auswahl. Schon häufig hatten Anleger den „richtigen Riecher", setzten aber ihre Erwartung mit dem falschen Optionsschein um. Im ungünstigsten Fall bedeutete dies am Ende sogar einen Totalverlust. Vor jedem Kauf sollten sich Investoren immer Gedanken darüber machen, wie weit der Basiswert steigen oder fallen kann (Kursziel) und in welchem Zeitraum dies geschieht (Anlagezeitraum). Hierbei ist zu beachten, dass Kurse weitaus schneller fallen als steigen. In der Regel dauert ein Kursanstieg doppelt so lange wie derselbe

Verlust. Beispielsweise benötigt der Dax für einen Anstieg um 200 Punkte circa fünf Börsentage. Denselben Verlust erzielt der Index auch schon einmal innerhalb von zwei Tagen.

Profis achten auch darauf, wo derzeit die Implizite Volatilität im Vergleich zur Vergangenheit steht. Hier ist der Vola-Check in DER AKTIONÄR eine enorme Hilfe. In dieser Übersicht finden Anleger das Verhältnis zwischen aktueller Impliziter Volatilität sowie den Vergangenheitswerten grafisch dargestellt. Optionsscheine sind danach attraktiv, wenn sich im Vola-Check der schwarze Balken (aktuelle Volatilität) möglichst weit links befindet.

Allerdings ist die Suche nach dem geeigneten Hebelinstrument nur ein Mosaikstein für eine erfolgreiche Geldanlage. Ebenso wichtig wie die Auswahl ist die konsequente Begrenzung von Verlusten. Während bei einer Aktie noch die Hoffnung bestehen kann, dass das Papier irgendwann wieder zum Leben erwacht, winkt bei einem Warrant spätestens am Laufzeitende der Totalverlust, wenn der Basiswert sich doch nicht wie erhofft entwickelt. Daher sollten Verluste auch konsequent begrenzt werden.

Auch das Verbilligen durch Nachkaufen sollte man tunlichst unterlassen. Es sei denn, man hat von Anfang an seine Strategie dementsprechend ausgerichtet und einen Teil des Anlagebetrags für einen Nachkauf reserviert – gegebenenfalls auch zu ungünstigeren Preisen.

Läuft es dagegen wie erwartet, dann ist es ratsam

die Gewinne laufen zu lassen und entsprechende Stopp-Marken nachzuziehen. Von Zeit zu Zeit sollten Optionsscheinkäufer einen Teil der Gelder aber auch in sicheren Anlagen umschichten. So bauen sich Anleger sukzessive ein Vermögen auf.

Der erste Trade: Kurzfristiger Anstieg

Im September 2003 bot sich folgendes Bild im Dax, das sich für einen kurzfristigen Trade durchaus eignen sollte: Nachdem der Dax seine vorangegangenen Gewinne korrigiert hatte, bildete sich seit Anfang Oktober 2003 ein Aufwärtstrend aus. Der seit dem September-Top ausgebildete Abwärtstrend konnte im zweiten Anlauf überwunden werden. Im Rahmen eines Rückgangs (Rebound) bis an den Abwärtstrend wurde dieser Ausbruch sowie der Aufwärts-

trend bestätigt. Kurzfristig sollte ein Anstieg bis in den Bereich um 3.600 Punkte möglich sein.

Neben dem Kursziel spielt für die Suche nach dem besten Hebelinstrument auch der Anlagezeitraum eine wichtige Rolle. Wie schnell kann also der Dax rund 50 bis 60 Punkte gewinnen? Ein Blick auf den Chart zeigt, dass solche Kursgewinne innerhalb eines Tages keine Seltenheit sind. Vorsichtig geschätzt könnte der Dax also innerhalb von 2 Tagen bis auf 3.600 Punkte steigen.

Da neben Turbos auch Optionsscheine analysiert werden, muss ferner auch ein Blick auf die Entwicklung der Impliziten Volatilität geworfen werden. Der VDax, der die Impliziten Volatilitäten von Dax-Optionen an der Eurex misst und auch als Gradmesser für Optionsscheine verwendet werden kann, hat im Zuge des vorangegangenen Kursanstiegs auf 3.600 Punkte knapp 100 Basispunkte verloren. Das Szenario lautet also: Erwartet wird ein Dax-Anstieg von 3.541 auf rund 3.600 Zähler innerhalb von zwei Tagen. Die Implizite Volatilität dürfte dabei von 26 Prozent auf vermutlich 25 Prozent sinken.

Nachdem die wichtigsten Daten fixiert sind, kann der Anleger auf die Suche nach dem richtigen Hebelinstrument gehen. Die Suche beginnt beispielsweise bei den Knock-out-Produkten.

Grundsätzlich sollte man bei Turbos das Wertpapier mit dem höchsten Hebel bevorzugen. Allerdings ist bei einem Indexstand von 3.541 Zählern eine Knock-out-Barriere von 3.515 oder 3.500 Punkten sehr riskant.

Im Kapitel 6 (Datenbanken im Web) wird auf die verschiedenen Möglichkeiten zur Informationsbeschaffung eingegangen.

Hebelprodukte auf den Basiswert DAX

WKN	Emittent	Typ	Strike	Barrier	Laufzeit	Bezu. Verh.	Geld	Brief	Hebel
800 841	HSBC Trinkaus & Bu ...	Long	3.515,00	3.515,00	18.12.03	0,010	0,44	0,46	77,03
818 899	Deutsche Bank	Long	3.500,00	3.500,00	18.12.03	0,010	0,51	0,53	66,86
333 311	Raiffeisen Centrob ...	Long	3.480,00	3.480,00	17.12.03	0,010	0,69	0,71	49,91
774 210	Lang & Schwarz	Long	3.480,00	3.480,00	17.12.03	0,010	0,74	0,76	46,62
816 938	Citigroup	Long	3.475,00	3.475,00	15.12.03	0,010	0,77	0,79	44,85
959 860	Dresdner Bank	Long	3.475,00	3.475,00	19.03.04	0,010	0,84	0,86	41,20
818 454	HSBC Trinkaus & Bu ...	Long	3.465,00	3.465,00	18.12.03	0,010	0,91	0,93	38,10
556 800	Commerzbank	Long	3.450,00	3.450,00	19.11.03	0,010	1,02	1,04	34,07
818 888	Deutsche Bank	Long	3.450,00	3.450,00	18.12.03	0,010	1,05	1,07	33,12
959 856	Dresdner Bank	Long	3.450,00	3.450,00	23.12.03	0,010	1,06	1,08	32,81
333 328	Bank Vontobel	Long	3.450,00	3.450,00	19.12.03	0,010	1,07	1,09	32,51
663 039	Sal. Oppenheim	Long	3.450,00	3.450,00	16.12.03	0,010	1,08	1,11	31,92
333 304	Raiffeisen Centrob ...	Long	3.430,00	3.430,00	17.12.03	0,010	1,26	1,28	27,68
816 937	Citigroup	Long	3.425,00	3.425,00	15.12.03	0,010	1,3	1,32	26,84
774 209	Lang & Schwarz	Long	3.430,00	3.430,00	17.12.03	0,010	1,3	1,32	26,84
959 859	Dresdner Bank	Long	3.425,00	3.425,00	19.03.04	0,010	1,39	1,41	25,13
818 895	Deutsche Bank	Long	3.400,90	3.470,00	open end	0,010	1,4	1,42	24,95
556 806	Commerzbank	Long	3.400,74	3.450,00	open end	0,010	1,42	1,44	24,61
818 426	HSBC Trinkaus & Bu ...	Long	3.415,00	3.415,00	18.12.03	0,010	1,42	1,44	24,61
556 799	Commerzbank	Long	3.400,00	3.400,00	19.11.03	0,010	1,54	1,56	22,71
959855	Dresdner Bank	Long	3.400,00	3.400,00	23.12.03	0,010	1,57	1,59	22,29
818887	Deutsche Bank	Long	3.400,00	3.400,00	18.12.03	0,010	1,57	1,59	22,29
333327	Bank Vontobel	Long	3.400,00	3.400,00	19.12.03	0,010	1,58	1,6	22,15
663038	Sal. Oppenheim	Long	3.400,00	3.400,00	16.12.03	0,010	1,58	1,61	22,01

Bei den Turbos mit einem Basispreis von 3.480 Punkte fällt der Preisunterschied der beiden Wertpapiere auf, obwohl diese identisch ausgestattet sind. Normalerweise sind solche Unterschiede bei

Turbos auf den Dax nicht so eklatant. Gravierende Unterschiede findet man dagegen eher bei Turbos auf Einzelaktien. Analysen zeigten Preisabweichungen von durchschnittlich 20 Prozent. Dennoch gilt auch für Dax-Turbos: Anleger sollten die Preise vergleichen und sich nicht nur auf den Emittentennamen verlassen.

In die engere Auswahl gelangen demnach die Turbos mit einem Basispreis von 3.480 (WKN: 333 311; Emittent: Raiffeisen Centrobank), 3.475 (816 938; Citigroup) und 3.450 (556 800, Commerzbank).

Calls auf DAX

WKN	Emittent	Basis-preis	Wäh-rung	Fällig-keit	Bezu. Verh.	Geld-Kurs	Brief-Kurs	Omega	Spread homogen.	Implizite Volatilität
959 092	Goldman Sachs	3.700,000	EUR	24.11.03	0,010	0,600	0,610	19,05	1,00	25,55%
800 202	HSBC Trinkaus ...	3.700,000	EUR	20.11.03	0,010	0,510	0,530	21,00	2,00	25,01%
962 859	Sal. Oppenheim	3.700,000	EUR	14.11.03	0,010	0,520	0,540	20,68	2,00	27,87%
148 380	Commerzbank	3.700,000	EUR	19.11.03	0,010	0,520	0,540	20,74	2,00	25,65%
959 091	Goldman Sachs	3.600,000	EUR	24.11.03	0,010	1,000	1,010	15,97	1,00	26,52%
959 334	Goldman Sachs	3.600,000	EUR	14.11.03	0,010	0,860	0,870	18,04	1,00	27,47%
964 638	Citigroup	3.600,000	EUR	20.11.03	0,010	0,940	0,960	16,73	2,00	26,93%
826 740	HSBC Trinkaus ...	3.600,000	EUR	19.11.03	0,010	0,920	0,940	17,02	2,00	26,88%
231 892	Deutsche Bank	3.600,000	EUR	19.11.03	0,010	0,890	0,910	17,50	2,00	26,18%
962 858	Sal. Oppenheim	3.600,000	EUR	14.11.03	0,010	0,910	0,930	17,13	2,00	28,98%
148 379	Commerzbank	3.600,000	EUR	19.11.03	0,010	0,900	0,920	17,34	2,00	26,42%
959 090	Goldman Sachs	3.500,000	EUR	24.11.03	0,010	1,550	1,570	13,15	2,00	28,21%
959 333	Goldman Sachs	3.500,000	EUR	14.11.03	0,010	1,430	1,450	14,28	2,00	29,96%
962 857	Sal. Oppenheim	3.500,000	EUR	14.11.03	0,010	1,460	1,480	13,96	2,00	30,73%
148 378	Commerzbank	3.500,000	EUR	19.11.03	0,010	1,440	1,460	14,21	2,00	27,76%
80 0201	HSBC Trinkaus ...	3.500,000	EUR	19.11.03	0,010	1,450	1,470	14,10	2,00	27,99%

Als Nächstes sollen Optionsscheine auf den Dax ausgewählt werden. Bei den Dax-Calls kann angesichts der kurzen Haltedauer der Basispreis um das Kursziel von 3.600 Punkte gewählt werden. Um unnötige Risiken zu vermeiden, sollte statt der Oktober-Fälligkeit besser auf Warrants mit einer Laufzeit bis November 2003 gesetzt werden.

Obwohl die Fälligkeiten bei den einzelnen Scheinen nur um wenige Tage abweichen, sollte man sich nicht nur auf den Optionsscheinpreis verlassen, sondern auch die Implizite Volatilität genauer betrachten. In dem Beispiel ist der Dax Call von Goldman Sachs mit einem Basispreis von 3.700 Punkten um 7 Cent teurer als der ähnlich ausgestattete Schein von Sal. Oppenheim. Gemessen an der Impliziten Volatilität ist der Schein von Goldman Sachs günstiger.

Zurückzuführen ist dies auf die unterschiedliche Restlaufzeit. Betrachtet man sich bildlich den Optionsscheinkurs wieder als Volatilitätswolke, so bedeutet eine längere Restlaufzeit auch eine länger gestreckte Wolke. Die niedrigere Implizite Volatilität des Calls von Goldman Sachs bedeutet nun, dass die Wolke nicht so breit ist wie bei dem nahezu identisch ausgestatteten Schein von Sal. Oppenheim. Die gesamte Fläche ist also beim Schein von Goldman Sachs geringer.

Auch wenn generell bei ähnlich ausgestatteten Warrants der gemessen an der Impliziten Volatilität günstigste Schein bevorzugt werden sollte, lohnt sich immer auch ein Blick auf den ho-

Bei Optionsscheinen muss unbedingt auf die Implizite Volatilität geachtet werden. Wie die Tabelle zeigt, muss berücksichtigt werden, dass diese nicht über alle Basispreise hinweg identisch sind. Bei geringen Abweichungen zwischen den Volatilitäten sollte der Spread ebenfalls beachtet werden.

mogenisierten Spread. Wenn wie im Fall der beiden 3.700er-Dax-Calls von Goldman Sachs und HSBC Trinkaus & Burkhardt die eingepreisten Schwankungsbreiten so eng beieinander liegen, so ist der Schein mit der engeren Geld-Brief-Spanne die bessere Wahl.

Am Ende stehen von den 16 Optionsscheinen zwei Calls von Goldman Sachs mit einem Bezugskurs von 3.700 (959 092) und 3.600 (959 091) sowie der Warrant der Commerzbank mit Basispreis 3.500 (148 378) zur Wahl. Zusätzlich wurde noch ein Call mit einem Basispreis von 3.800 Punkten berücksichtigt, der in der Tabelle nicht vertreten ist.

Für die drei Turbos und drei Optionsscheine kann nun auf Basis des Szenarios eine theoretische Performance ermittelt werden. Ferner wird noch der Verlust ermittelt, wenn der Dax innerhalb von zwei Tagen auf 3.500 Zähler zurückfällt. Hierbei wird eine Implizite Volatilität von (durchschnittlich) 26 Prozent unterstellt.

Die theoretischen Werte für die Optionsscheine wurden der Einfachheit halber mit der Standardformel für europäische Optionen nach Black/Scholes gerechnet. Da während der Laufzeit keine Dividenden ausgeschüttet werden, entsprechen die errechneten Werten durchaus den Preisen, wie sie mittels anderer Modelle ermittelt werden. Bei den Turbo-Zertifikaten wurden die Preise mittels eines einfachen Future-Modells berechnet ohne Berücksichtigung des Gap-Risikos. Dies gilt für alle Berechnungen.

Turbos

Basispreis	Fälligkeit	Kursziel akt. Kurs	Aufgeld	3.600,00 Theo. Wert	3.500,00	3.600,00 Theo. Performance	3.500,00
3.480	17.12.03	0,74	0,10	1,30	0,30	75,3%	– 59,8%
3.475	15.12.03	0,81	0,12	1,37	0,37	68,8%	– 54,6%
3.450	19.11.03	1,07	0,13	1,63	0,63	52,1%	– 41,4%

Optionsscheine

Basispreis	Fälligkeit	Impl. Volatilität Kursziel akt. Kurs	25% 3.600,00 Theo. Wert	26% 3.500,00	25% 3.600,00 Theo. Performance	26% 3.500,00
3.800	24.11.03	0,35	0,42	0,24	20,3%	– 31,2%
3.700	24.11.03	0,60	0,73	0,46	21,7%	– 23,0%
3.600	24.11.03	1,01	1,23	0,79	22,1%	– 21,5%
3.500	19.11.03	1,47	1,73	1,15	17,7%	– 21,5%

Auffällig sind die starken Performance-Unterschiede zwischen Warrants und Knock-out-Produkten. Die Wertentwicklung der Turbos ist teilweise um den Faktor elf höher als bei den Optionsscheinen. Verantwortlich für diese Underperformance ist der Hebeleffekt. So liegen die Hebel der Turbos zwischen 32 und 50. Die Optionsscheine kommen dagegen nur auf ein Omega von 14 bis 19.

Aus den Berechnungen wird Folgendes deutlich:
- Mit Turbos konnten in diesem Szenario weitaus höhere Performance-Ergebnisse erzielen werden als mit Optionsscheinen. Allerdings wird diese höhere Gewinnchance auch durch ein weitaus höheres Verlustrisiko erkauft.

- Für Turbos gilt: Je höher der (einfache) Hebel, umso höher ist auch die erzielbare Performance. Für Optionsscheine gilt diese Aussage nur begrenzt. Selbst wenn statt des einfachen Hebels das Omega verwendet wird, kann diese Aussage nicht übertragen werden. Ab einem bestimmten Punkt „kippt" der Performancezugewinn (siehe geringere Performance des Calls mit Basispreis 3.800 im Vergleich zum 3.700er-Call).
- Die Performance der Optionsscheine mit einem Basispreis von 3.600 beziehungsweise 3.700 Punkten liegt sehr eng beieinander. Der leichte Performancevorsprung des 3.700er-Calls wird jedoch durch ein im Vergleich hierzu höheres Risiko kompensiert.

Zusammenfassung

Bei kurzfristigen Spekulationen auf steigende Kurse besitzen Turbos aufgrund des höheren Hebeleffekts enorme Vorteile. Anleger sollten sich jedoch bewusst sein, dass diese höheren Chancen auch mit entsprechend höheren Risiken einhergehen. Durch die Wahl eines geringeren Basispreises lässt sich das Risiko senken, parallel verringern sich aber auch die Chancen.

Bei Optionsscheinen zeigt sich, dass Calls mit einem Basispreis in der Nähe des Kursziels am besten performen. Höhere Basispreise performen im Vergleich hierzu entweder schlechter oder – wie sich später zeigen wird – unwesentlich besser.

Tipps für den richtigen Call

1. Ein Kursszenario entwickeln (Kursziel und Zeitraum).

2. Bei der Laufzeit ein Sicherheitspolster berücksichtigen (je länger der Anlagezeitraum, um so größer sollte der Puffer sein).

3. Der Basispreis sollte in einem kurzfristigen Szenario in etwa dem Kursziel entsprechen. Je länger der Anlagezeitraum gewählt wird, umso höher sollte der Abschlag auf den Basispreis sein. Bei sehr kurzfristigen Trades kann der Basispreis auch über dem Kursziel gewählt werden, aber nur, wenn die Implizite Volatilität im historischen Vergleich niedrig ist.

4. Bei der Auswahl des Basispreises beach-

Für Einsteiger gilt: Lieber am Anfang einen geringeren Hebeleffekt akzeptieren, als dass gleich der erste Trade ein Totalverlust wird.

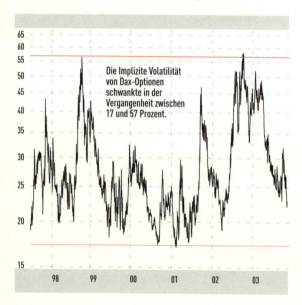

Die Implizite Volatilität von Dax-Optionen schwankte in der Vergangenheit zwischen 17 und 57 Prozent.

ten, dass steigende Kurse tendenziell mit sinkenden Volatilitäten einhergehen. Der Rückgang kann selbstverständlich umso stärker ausfallen, je höher das Volatilitätsniveau im Vergleich zur Vergangenheit ist (siehe VDax-Chart!). Daher: Bei Basiswerten mit hohen Impliziten Volatilitäten – insbesondere bei einer langen Haltedauer - den Basispreis nochmals niedriger wählen!

5. Die eingegrenzte Auswahl an Optionsscheinen wird weiter nach Impliziter Volatilität und Spread-Move sortiert. Das Omega kann als Risikokennzahl eingesetzt werden. Je höher dieser Wert ist, umso riskanter ist der Warrant.

6. Börsenumsätze spielen keine Rolle. Bei einem Warrant mit hohem Umsatz spart man zwar u.U. einen Teil des Spreads, wenn der Warrant aber dennoch teurer ist als ein vergleichbar ausgestatteter Schein, so geht dieser Vorteil wieder verloren.

Tipps für den richtigen Turbo

1. Ein Kursszenario entwickeln (Kursziel und Zeitraum).

2. Der Basispreis (beziehungsweise die Knock-out-Schwelle) sollte dem persönlichen Risikoprofil entsprechen: Je risikoscheuer ein Anleger ist, umso niedriger sollte der Basispreis gewählt werden.

3. Gleiches gilt für die Marktnähe: Je seltener ein Anleger innerhalb des Tages die

Wertentwicklung seines Turbos verfolgen kann, umso niedrigerer sollte der Basispreis angesetzt werden.

4. Auch bei Turbos unbedingt die Geld-Brief-Spanne (Spread) beeachten!

5. Börsenumsätze spielen keine Rolle. Ausnahmen sind bestenfalls exotische Underlyings mit sehr hohen Spreads.

Kurz notiert: Theorie und Praxis

Der erwartete Dax-Anstieg stellte sich bereits am nächsten Tag mit einem Hoch bei rund 3.594 Punkten ein. Bei den Optionsscheinen trafen die Kursprognosen fast Cent-genau ein. Bei den Turbos lagen die Hochs dagegen bis zu 7 Cents unter dem theoretischen Wert. Dies ist allerdings auf die Differenz zwischen erwartetem und tatsächlichem Dax-Stand zurückzuführen (6 Dax-Punkte entsprechen 6 Cent bei den Knock-out-Produkten). Bei den Optionsscheinen wären bei Erreichen der 3.600er-Marke die Höchstkurse des Tages auch höher ausgefallen. Die tatsächlichen Kurse kann man mithilfe des Deltas abschätzen, das zwischen 0,61 (Basispreis 3.500) und 0,22 (Basispreis 3.800) lag. Folglich wären bei einem weiteren Kursanstieg um 6 Dax-Punkte die Optionsscheine um 3,7 bis 1,3 Cent gestiegen.

Ein Wort zur Spekulationssteuer

Kursgewinne innerhalb der einjährigen Spekulationsfrist sind derzeit steuerlich relevant und im Rahmen der Einkommensteuererklärung aufzuführen. Die Freigrenze liegt bei 512 Euro. Wird diese überschritten, wird der komplette Betrag steuerpflichtig.

Um die Besteuerung zu vermeiden, halten Anleger gerne ihre Gewinnposition länger, um sie über die Einjahresfrist zu retten. Sinnvoll ist dies nur, wenn diese Frist innerhalb der nächsten Tage oder Wochen ausläuft. Beim Trading mit Hebelinstrumenten beträgt der Anlagehorizont meistens jedoch nur Tage oder Wochen. Daher macht es keinen Sinn zu versuchen, eine Besteuerung zu umgehen.

Der zweite Trade: Winter-Frühjahrs-Rally

Betrachtet man sich die Kursentwicklung des Dax über einen längeren Zeitraum, so fällt ein gewisses saisonales Muster auf (siehe Chart

„Dax Seasonal"). Deutlich sichtbar ist ein Aufwärtstrend, der im November beginnt und bis
Mitte April andauert. Bis Ende Mai folgt zu-
meist eine Konsolidierung, der sich dann bis
Ende Juli/Anfang August ein nächster Hausse-
Schub anschließt. Die zuletzt erzielten Gewinne
werden dann vornehmlich im September (lang-
fristig der schlechteste Börsenmonat im Dax)
und Oktober („Crash-Monat") korrigiert.

Gemäß dem saisonalen Muster beträgt das
Kurspotenzial zwischen November und Dezember rund 5 Prozent und zwischen Januar und
April knapp 7 Prozent. Insgesamt also zwischen
12 und 13 Prozent. Nur am Rande sei erwähnt,
dass sich dieses Saison-Muster durch ein Zertifikat von ABN Amro problemlos umsetzen lässt
(DE0005592828). Das Dax Best Seasons Zer-

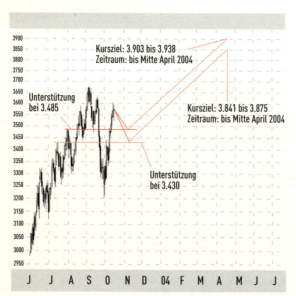

Im Chart ist noch eine Alternative dargestellt: Auf einen stärkeren Kursrückgang bis 3.430
Punkte folgt ein Anstieg bis
3.841/3.875 Dax-Punkte.
Unabhängig von den angespro-
chenen Kurszielen kann der
Dax selbstverständlich zwischenzeitlich auch höhere In-
dexstände erreichen. Folglich
wären auch andere Hebelinstrumente interessant.

tifikat investiert nur vom 1. November bis 31. Juli eines jeden Jahres und hält ansonsten Cash. Allerdings darf nicht übersehen werden, dass zunächst noch Kursrisiken bestehen. Betrachtet man den Dax unter charttechnischen Aspekten, so bestehen kräftige Unterstützungszonen im Bereich um 3.480 beziehungsweise 3.430 Punkten oder 2,6 respektive 4,1 Prozent Kursverlust. Im Saison-Chart erkennt man, dass knapp zwei Prozent Kursverlust im Oktober keine Seltenheit sind. Ein Szenario für die Winter-Frühjahrs-Rallye könnte also wie folgt aussehen: Nach einem Kursrückgang von 2,6 Prozent - dies entspricht etwa dem durchschnittlichen Minus im Oktober - auf 3.485 Punkte, dreht der Markt. Ausgehend von diesem Niveau hätte der Dax dann Spielraum bis circa 3.903 (rund 12 Prozent) beziehungsweise 3.938 (rund 13 Prozent) Punkte.

Zusätzlich muss auch die Entwicklung der Impliziten Volatilität abgeschätzt werden. Als im September der Dax unter 3.500 Zähler rutschte, stieg die Implizite Volatilität um 1,5 Prozent an. Daher müsste zunächst in Folge des Kursrückgangs im Dax auf 3.485 Zähler ein Anstieg der Schwankungsbreite von durchschnittlich 25,5 auf 27 Prozent berücksichtigt werden. Schwieriger wird es hingegen die Entwicklung der „Implieds" im Zuge der Kursrallye zu prognostizieren, da es hier an Anhaltswerten fehlt. Vorsichtshalber kann man von einem Rückgang auf 22 Prozent ausgehen.

Hebelprodukte auf den Basiswert DAX

WKN	Emittent	Typ	Strike	Barrier	Laufzeit	Bezu. Verh.	Geld	Brief	Hebel
333 091	ABN Amro	Long	3.311,00	3.410,00	open end	0,010	2,46	2,48	14,35
333 084	ABN Amro	Long	3.251,00	3.350,00	open end	0,010	3,06	3,08	11,56
330 677	ABN Amro	Long	3.192,00	3.290,00	open end	0,010	3,66	3,68	9,67
330 676	ABN Amro	Long	3.132,00	3.230,00	open end	0,010	4,26	4,28	8,32
891 000	ABN Amro	Long	3.073,00	3.160,00	open end	0,010	4,84	4,86	7,33
238 702	ABN Amro	Long	3.013,00	3.100,00	open end	0,010	5,44	5,46	6,52
238 288	ABN Amro	Long	2.888,00	2.970,00	open end	0,010	6,69	6,71	5,31
238 125	ABN Amro	Long	2.824,00	2.910,00	open end	0,010	7,33	7,35	4,84
238 124	ABN Amro	Long	2.763,00	2.840,00	open end	0,010	7,94	7,96	4,47
237 403	ABN Amro	Long	2.581,00	2.660,00	open end	0,010	9,77	9,79	3,64
237 443	ABN Amro	Long	2.520,00	2.590,00	open end	0,010	10,37	10,39	3,43
237 441	ABN Amro	Long	2.470,00	2.540,00	open end	0,010	10,88	10,9	3,27
237 434	ABN Amro	Long	2.419,00	2.490,00	open end	0,010	11,38	11,4	3,12
237 253	ABN Amro	Long	2.311,00	2.380,00	open end	0,010	12,47	12,49	2,85
237 252	ABN Amro	Long	2.249,00	2.320,00	open end	0,010	13,08	13,1	2,72
237 231	ABN Amro	Long	2.209,00	2.270,00	open end	0,010	13,48	13,5	2,64
721 791	ABN Amro	Long	2.079,00	2.140,00	open end	0,010	14,78	14,8	2,41
163 554	ABN Amro	Long	1.945,00	2.000,00	open end	0,010	16,12	16,14	2,21
721 792	ABN Amro	Long	1.871,00	1.930,00	open end	0,010	16,86	16,88	2,11
163 593	ABN Amro	Long	1.637,00	1.690,00	open end	0,010	19,2	19,22	1,85

Für die Auswahl der Hebelinstrumente bedeutet dies:

– Bei den Turbos sollte aufgrund der Möglichkeit eines Rückgangs bis auf 3.430 Punkte die Stopp-Marke/Knock-out-Barriere unter 3.400 Zähler liegen

– um die Berechnung zu vereinfachen,

Die Daten stammen von Onvista, auf deren Seite immer die Kennzahl „Hebel" angegeben ist. Dies ist auch korrekt. Alternativ kann jedoch auch vom Omega gesprochen werden, das mit dem Hebel identisch ist. Um nicht den Eindruck zu wird lediglich auf Mini-Futures zurückgegriffen. Für die notwendige Anpassung des Basispreises wird ein Zinssatz von 5 Prozent p.a. unterstellt.

Für die Performance-Analyse sollen lediglich die ersten vier Mini-Futures mit Barrieren zwischen 3.410 (!) und 3.230 Punkten herangezogen werden.

erwecken, dass der Hebel auch bei Optionsscheinen eine geeignete Kennzahl ist, wird hier für sämtliche Hebelinstrumente der Begriff Omega verwendet.

Bei der Optionsscheinauswahl gilt es Folgendes zu berücksichtigen:

– Bei einem Kursziel, das im Bereich um 3.900 Punkte liegt, sollte der Basispreis zwischen 3.800 und 4.000 Zähler gewählt werden.

– Aufgrund eines rund sechsmonatigen Anlagehorizonts (gekauft wird im November!) sollte der Basispreis eher unter 3.900 Punkte liegen.

– Da die Implizite Volatilität nachgibt, müsste der Bezugskurs noch niedriger angesetzt werden.

– Bei Optionsscheinen sollte man bei der Laufzeit immer ein Sicherheitspuffer berücksichtigen. Eine Faustregel hierfür lässt sich schlecht aufstellen, bei einem Anlagehorizont über 6 Monate sollten aber die Restlaufzeit mindestens drei Monate länger als der Anlagehorizont gewählt werden. Aus diesem Grund sind Dax-Calls mit Fälligkeiten im Juni 2004 etwas zu knapp

Calls auf DAX

WKN	Emittent	Basis-preis	Wäh-rung	Fällig-keit	Bezu. Verh.	Geld-Kurs	Brief-Kurs	Omega	Spread homogen.	Implizite Volatilität
331 503	BNP	3.900,00	EUR	18.06.2004	0,01	1,83	1,85	7,75	2	24,67%
959 800	Dresdner Bank	3.900,00	EUR	17.09.2004	0,01	2,59	2,61	6,11	2	26,15%
743 638	Deutsche Bank	3.800,00	EUR	16.06.2004	0,01	2,19	2,2	7,32	1	24,83%
963 171	HSBC Trinkaus ...	3.800,00	EUR	16.06.2004	0,01	2,18	2,2	7,33	2	24,83%
148 158	Commerzbank	3.800,00	EUR	16.06.2004	0,01	2,19	2,21	7,3	2	24,92%
949 316	Dresdner Bank	3.800,00	EUR	18.06.2004	0,01	2,21	2,23	7,25	2	24,97%
199 566	DZ-Bank	3.800,00	EUR	17.06.2004	0,01	2,25	2,27	7,15	2	25,37%
959 799	Dresdner Bank	3.800,00	EUR	17.09.2004	0,01	3,02	3,04	5,75	2	26,66%
959 798	Dresdner Bank	3.700,00	EUR	17.09.2004	0,01	3,49	3,51	5,41	2	27,17%
949 766	Commerzbank	3.600,00	EUR	16.06.2004	0,01	3,12	3,14	6,35	2	25,77%
951 291	Société Généra ...	3.600,00	EUR	18.06.2004	0,01	3,15	3,18	6,28	3	25,99%
963 517	Deutsche Bank	3.600,00	EUR	16.06.2004	0,01	3,15	3,17	6,29	2	26,03%
826 736	HSBC Trinkaus ...	3.600,00	EUR	16.06.2004	0,01	3,15	3,17	6,29	2	26,03%
949 315	Dresdner Bank	3.600,00	EUR	18.06.2004	0,01	3,18	3,2	6,24	2	26,16%
199 565	DZ-Bank	3.600,00	EUR	17.06.2004	0,01	3,19	3,21	6,22	2	26,31%
331 502	BNP	3.600,00	EUR	18.06.2004	0,01	3,2	3,22	6,2	2	26,37%
959 797	Dresdner Bank	3.600,00	EUR	17.09.2004	0,01	4,01	4,03	5,09	2	27,77%
331 501	BNP	3.500,00	EUR	18.06.2004	0,01	3,77	3,79	5,74	2	27,09%
959 796	Dresdner Bank	3.500,00	EUR	17.09.2004	0,01	4,56	4,58	4,79	2	28,32%
949 765	Commerzbank	3.400,00	EUR	16.06.2004	0,01	4,3	4,32	5,44	2	27,09%
826 735	HSBC Trinkaus ...	3.400,00	EUR	16.06.2004	0,01	4,31	4,33	5,43	2	27,19%
743 636	Deutsche Bank	3.400,00	EUR	16.06.2004	0,01	4,32	4,34	5,41	2	27,28%
949 313	Dresdner Bank	3.400,00	EUR	18.06.2004	0,01	4,37	4,39	5,34	2	27,61%
331 500	BNP	3.400,00	EUR	18.06.2004	0,01	4,39	4,41	5,31	2	27,85%
199 564	DZ-Bank	3.400,00	EUR	17.06.2004	0,01	4,39	4,41	5,32	2	27,86%
951 290	Société Généra ...	3.200,00	EUR	18.06.2004	0,01	5,66	5,69	4,68	3	28,44%
948 721	HSBC Trinkaus ...	3.200,00	EUR	16.06.2004	0,01	5,68	5,7	4,66	2	28,68%
963 515	Deutsche Bank	3.200,00	EUR	16.06.2004	0,01	5,68	5,7	4,66	2	28,68%
949 764	Commerzbank	3.200,00	EUR	16.06.2004	0,01	5,69	5,71	4,65	2	28,79%

bemessen. Die derzeit nächste angebotene (Haupt-)Fälligkeit mit einem breiten Angebot ist der September 2004.

Bei den Warrants gilt das Augenmerk zunächst wieder der Impliziten Volatilität. Sie ist bei nahezu allen Scheinen auf ähnlichem Niveau. Auch das Omega ist in diesem Fall nicht sehr hilfreich, denn ein Unterschied von 0,1 wirkt sich bei einem zwölfprozentigen Kursanstieg in der theoretischen Performance des Warrants lediglich mit 1,2 Prozent aus. Angesichts der von den Optionsscheinen erwarteten Performance spielt auch der Spread nur eine sehr untergeordnete Rolle. In diesem Fall gibt es also keinen „besten Optionsschein", da fast alle Warrants gleich gut sind. Schlussendlich werden bei der Performance-

WKN	Emittent	Basispreis	Fälligkeit
331 503	BNP	3.900,00	18.06.04
959 800	Dresdner Bank	3.900,00	17.09.04
743 638	Deutsche Bank	3.800,00	16.06.04
959 799	Dresdner Bank	3.800,00	17.09.04
959 798	Dresdner Bank	3.700,00	17.09.04
949 766	Commerzbank	3.600,00	16.06.04
959 797	Dresdner Bank	3.600,00	17.09.04
331 501	BNP	3.500,00	18.06.04
959 796	Dresdner Bank	3.500,00	17.09.04
949 765	Commerzbank	3.400,00	16.06.04
951 290	Société Générale	3.200,00	18.06.04

Turbos

Basispreis	Stop-Loss	Fälligkeit	Restlaufzeit in Tagen	Kursziel 3.485 theor. Kaufkurs	3.485 Theo. Verlust	3.903 Theo. Wert	3.938 Theo. Wert	3.903 Theo. Performance	3.938 Theo. Performance
3.311	3.410	07.11.03	38093	1,65	− 39,5%	5,10	5,45	209,9%	231,2%
3.251	3.350	07.11.03	38093	2,25	− 31,9%	5,72	6,07	154,4%	169,9%
3.192	3.290	07.11.03	38093	2,84	− 27,5%	6,32	6,67	122,7%	135,0%
3.132	3.230	07.11.03	38093	3,44	− 23,5%	6,94	7,29	101,6%	111,8%

Optionsscheine

Basispreis	Fälligkeit	Impl. Volatilität Kursziel theo. Kurs	27% 3.485 theo. Verlust	22% 3.903 Theo. Wert	22% 3.938 Theo. Wert	22% 3.903 Theo. Performance	22% 3.938 Theo. Performance
3.900	18.06.04	1,37	− 25,0%	1,52	1,68	10,8%	22,7%
3.900	17.09.04	2,13	− 17,9%	2,44	2,64	14,6%	24,0%
3.800	16.06.04	1,70	− 22,6%	2,08	2,32	22,3%	36,0%
3.800	17.09.04	2,51	− 16,8%	3,07	3,29	22,0%	30,9%
3.700	17.09.04	2,97	− 14,9%	3,71	3,95	24,8%	33,1%
3.600	16.06.04	2,55	− 18,4%	3,55	3,84	42,5%	54,3%
3.600	17.09.04	3,41	− 15,1%	4,46	4,73	31,0%	38,8%
3.500	18.06.04	3,11	− 17,6%	4,35	4,67	42,3%	52,7%
3.500	17.09.04	4,01	− 12,1%	4,99	5,28	24,4%	31,7%
3.400	16.06.04	3,68	− 14,5%	5,25	5,48	40,8%	46,9%
3.200	18.06.04	5,08	− 10,2%	7,18	7,53	41,4%	48,2%

analyse folgende Scheine berücksichtigt:

Als Erstes fällt auf, dass die Optionsscheine gegenüber den Turbos keinerlei Chance haben. Die Performance der Knock-out-Produkte liegt beim Vielfachen der Warrants. Selbst wenn man auf einen „langweiligen" Mini-Future mit einem Basispreis von 3.132 setzt, liegt dessen theoretisches Kursplus von über 100 Prozent bei nahezu dem Doppelten des besten Optionsscheins. Mit einem Verlust von rund 24 Prozent liegt das Risiko auf dem Niveau von den Dax-Calls mit Basispreisen um 3.800 Zähler. Bereits weiter oben wurde in diesem Zusammenhang auf den niedrigeren Hebel verwiesen. Der unterschiedliche Hebeleffekt ist aber in diesem Beispiel weniger dramatisch und kann folglich nicht allein den Performanceunterschied erklären.

Hinzu kommt, dass Optionsscheine weitaus mehr Prämie verlieren als Turbos. Bei einem Turbo sinkt die Prämie - die Differenz zwischen dem Preis und dem Inneren Wert - nur leicht. Bei einem Mini-Future - hier entspricht der Kurs stets dem Inneren Wert - nimmt der Basispreis nur unwesentlich zu. Sinkende Prämien beziehungsweise steigende Basispreise sind die Kosten für die Spekulation mit Knock-out-Produkten. Bei den Optionsscheinen verändern sich hingegen die Aufgelder weitaus stärker. Beispielsweise kostet der Dax-Call mit einem Basispreis von 3.500 Zähler und Fälligkeit im Juni 3,11 Euro. Dieser Kurs setzt sich zusammen aus einem Inneren Wert von 0,73 (= (3.573 - 3.500) x 0,01) Euro sowie einem Zeitwert von 2,38 (= 3,11 - 0,73). Im April liegt der Innere Wert dann bei 4,38 (= (3.938 - 3.500) x 0,01), der Zeitwert beträgt dann aber nur noch 0,29 Euro. Der Optionsschein verliert also nahezu 88 Prozent an Zeitwert! Dieser enorme Verlust belastet die Wertentwicklung und führt zusammen mit dem geringeren Hebeleffekt (Omega) zu einem unterproportionalen Anstieg.

Aus den Tabellen zur Wertentwicklung wird auch klar, dass in einem eher längerfristigen Szenario Knock-out-Produkte bevorzugt werden sollten. Die Auswahl hängt schlussendlich nur noch davon ab, welches Risiko der Anleger in Kauf nimmt. Am Ende muss er sich also fragen, ob er bei einem Kauf im Bereich um 3.485 Dax-Punkte die beste Performance aller Hebelinstrumente möchte und im Gegenzug das Risiko in Kauf nimmt, dass der Abstand bis zur Stop-Loss-Barriere bei 3.410 Zählern gerade einmal circa 2 Prozent beträgt. Die Alternative wäre ein um 50 bis 60 Prozent geringerer, aber mit 154 bis 170 Prozent noch immer ansehnlichen Gewinn und dafür ein „Ruhekissen" von 135 Punkten oder 3,9 Prozent zu haben.

Ebenso erstaunlich wie die geringe Performance der Optionsscheine im Vergleich zu den Turbos dürfte für Einsteiger die unterdurchschnittliche Performance der Warrants aus dem Geld sein. Aufgrund des weitaus höheren Hebels würde man eigentlich erwarten, dass die hochspekulativen Optionsscheine mit Basispreisen aus dem Geld das Rennen machen. Tatsächlich liegen jedoch die eher „langweiligen" Papiere mit niedrigen Bezugskursen vorne.

Um die Ursachen hierfür besser verstehen zu können, soll nun ein Dax-Anstieg innerhalb eines Monats von 3.485 Punkte auf 3.903 beziehungsweise 3.938 Zähler analysiert werden. In diesem Szenario liegt die Performance der

Turbos

Basispreis	Stop-Loss	Kursziel theor. Kaufkurs	3.903	3.938	3.903	3.938
			Theo. Wert		Theo. Performance	
3.311	1,66	5,74	6,09	245,6%	266,7%	
3.251	2,26	6,34	6,69	180,4%	195,9%	
3.192	2,85	6,93	7,28	143,1%	155,3%	
3.132	3,45	7,54	7,89	118,2%	128,3%	

Optionsscheine

Basispreis	Fälligkeit	Impl. Volatilität Kursziel theo. Kurs	22% 3.903	22% 3.938	22% 3.903	22% 3.938
			Theo. Wert		Theo. Performance	
4.200	22.12.03	0,03	0,09	0,12	267,8%	382,4%
4.100	22.12.03	0,06	0,22	0,30	297,5%	434,4%
4.000	22.12.03	0,11	0,47	0,60	313,3%	428,5%
3.900	22.12.03	0,20	0,89	1,08	338,9%	436,2%
3.800	22.12.03	0,34	1,48	1,74	334,7%	410,3%
3.700	22.12.03	0,57	2,25	2,56	292,2%	345,3%
3.600	22.12.03	0,90	3,14	3,47	247,0%	283,7%

Turbos um rund 30 Prozent höher als im langfristigen Szenario. Bei den Optionsscheinen - hier wurde eine kürzere Laufzeit bis Dezember 2003 gewählt - überragt die Wertentwicklung die der Turbos um fast das Doppelte!

Womit lässt sich dieser Unterschied erklären? Hierzu genügt bereits ein Blick auf die theoretischen Kaufkurse bei den beiden Szenarien. Die Warrants mit vergleichbaren Basispreisen kosten im Langfristszenario ein Vielfaches gegenüber den Kurzläufern. Ein Call mit einem Basispreis von 3.900 Punkten und einer Laufzeit bis

Juni 2004 wird im beschriebenen Szenario (Dax-Rücksetzers auf 3.485 Punkte) theoretisch 1,37 Euro kosten. Ein Call mit Fälligkeit im September 2004 würde dagegen 2,13 Euro wert sein. Für einen 3.900er-Call mit Fälligkeit im Dezember wird hingegen nur 0,20 Euro verlangt. Das heißt, die Kaufkurse liegen bei den langen Laufzeiten zwischen dem Sieben- und Zehnfachen eines Optionsscheins mit gleichem Basispreis, aber kürzerer Laufzeit. Die theoretischen Optionsscheinpreise bei Erreichen des Kursziels von beispielsweise 3.903 Punkten liegen dagegen nur beim 1,5- bis 2,5fachen.

Hierfür ist zum einen der Hebeleffekt verantwortlich. Die lang laufenden Optionsscheine aus dem Geld verlieren im Rahmen des erwarteten Kursrückgangs auf 3.485 Punkte durch den gleichzeitigen Anstieg der Volatilität nur moderat an Wert (niedriges Omega). Der Wertverlust durch den Dax-Rückgang beim kurz laufenden Warrant kann dagegen nur unwesentlich durch die höhere Implizite Volatilität abgefedert werden (Vega 0,04 im Vergleich zu 0,11 beziehungsweise 0,13). Im sich dann anschließenden Kursanstieg wendet sich das Blatt: Der Volatilitätsrückgang führt bei den lang laufenden Warrants zu überproportionalen Verlusten, die zudem durch den abnehmenden Zeitwert noch verstärkt werden: die Restlaufzeiten verringern sich immerhin um gut 6 Monate im Vergleich zu 4 Wochen. Entsprechend stark verkleinert sich die „Volatilitäts-Wolke".

Dass die Optionsscheine dann auch im Szenario 3.903/3.938 Dax-Punkte bis Ende November Turbos schlagen, hängt mit dem hohen Omega zusammen. Das Omega des 3.900er-Dax-Calls liegt weit über dem der Turbos.

Fazit der ersten Trades

Sowohl bei einem Dax-Anstieg um 50 Punkte innerhalb von 2 Tagen als auch bei einer Dax-Performance von 12 bis 13 Prozent auf Sicht von 6 Monaten sind Turbos in den meisten Fällen die bessere Alternative zu Optionsscheinen. Dagegen haben Warrants die Nase vorne, wenn es innerhalb eines kurzen Zeitraums zu einem starken Kursanstieg kommt. In sämtlichen Szenarien bestätigen sich jedoch die Faustregeln zur Auswahl des „besten Optionsscheins". Danach sollten sich Anleger bei der Auswahl des Basispreises an dem erwarteten Kursziel orientieren. Je länger der Anlagezeitraum gewählt wird und je stärker der Rückgang der Volatilität ausfällt, umso niedriger darf der Basispreis gewählt werden.

Bei den Turbos genügt dagegen oftmals allein der Blick auf den Hebel. Dieser sollte dem persönlichen Risikoprofil entsprechen, woraus sich wiederum die Wahl des Basispreises ergibt.

Bleibt noch zu klären, wann ein Optionsschein oder ein Knock-out-Produkt gekauft werden soll. Wenn die grundlegende Vorarbeit - das Formulieren des Szenarios und die darauf aufbauende Eingrenzung der Hebelinstrumente - geleistet wurde, kann die Auswahl der Hebelinstrumente eingegrenzt werden. Die Entscheidung, ob von den verbleibenden Wertpapieren besser ein Optionsschein oder ein Knock-out-Produkt geordert wird, kann auf Grundlage des Omegas erfolgen. Beim ersten Trade sowie dem Langfristszenario lagen Turbos vorne, weil diese (vor allem) über ein höheres Omega verfügen. Im Kurzfristszenario hatten die Optionsscheine gegenüber den Mini-Futures die Nase vorn. Allerdings muss man fairerweise auch ergänzen, dass unter Einbezug von Turbos mit Laufzeitbegrenzung die Warrants nicht mehr im Vorteil wären. Selbst ein Turbo-Zertifikat mit einem Basispreis von 3.400 Punkten hätte ein höheres Omega als beispielsweise der mehrfach erwähnte 3.900er- Call. Es stellt sich natürlich dann auch die Frage, ob ein Turbo-Zertifikat mit einem so hohen Basispreis die richtige Wahl ist, wenn man zwischenzeitlich deutliche Kursrückschläge nicht ausschließen kann. Schließlich macht ein vorzeitiger Knock-out alle Performanceträume zunichte.

Der dritte Trade: Die Blase platzt

Die ersten Geschäfte bezogen sich immer auf steigende Kurse. Wie wählt man jedoch Turbos und Optionsscheine aus, wenn fallende Märkte erwartet werden? Um es vorweg zu nehmen: im Grunde genauso. Erst gilt es die Hausaufgabe zu machen - sprich ein Kurs-Szenario zu entwickeln - und dann folgt die Auswahl des richtigen Hebelinstruments.

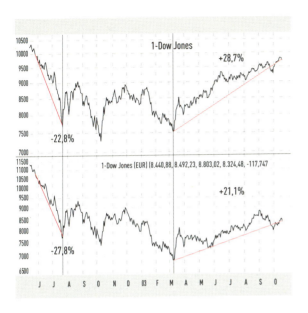

Als hypothetisches Szenario dient diesmal die Furcht vor einem Einbruch der US-Börse. Dabei wird angenommen, dass der Dow Jones Industrial mehrfach an der magischen Marke von 10.000 Punkten scheitert. Neben diesem chart-technischen Warnsignal liefert der Markt noch weitere Hinweise auf einen Einbruch. So zogen zuletzt die langfristigen Zinsen kräftig an und die Immobilienpreise in New York gingen erstmals seit Jahren um durchschnittlich 5 Prozent zurück. Vor diesem Hintergrund wird ein Kursrutsch auf 7.700 Punkte innerhalb von zwei Monaten erwartet.

Im Gegensatz zu den Dax-Szenarien muss in diesem Fall noch ein weiterer Faktor berücksichtigt werden, nämlich der Wechselkurs des Euro

zum US-Dollar. Im Chart dargestellt ist der Dow
Jones Industrial einmal in US-Dollar und in Euro
umgerechnet. Oder anders ausgedrückt: Wie
hätte sich das US-amerikanische Marktbaro-
meter für zwei Anleger entwickelt, die einmal in
US-Dollar und das andere Mal in Euro rechnen?
Eine Gegenüberstellung der beiden Charts zeigt,
dass zwar die Entwicklung ähnlich, aber nicht
gleich ist. Insbesondere der Kursanstieg seit
März 2003 wurde nur unterproportional nach-
vollzogen. Während der Dow um 28,7 Prozent
zulegte, wurde auf Euro-Basis nur ein Gewinn
von 21,1 Prozent erzielt. Diese unterproportio-
nale Entwicklung ist auf den Anstieg des Euros
zurückzuführen. Ein Beispiel hierfür: Kostet
eine US-Aktie 10 Dollar und notiert der Euro bei
1,15 Dollar, so muss der Anleger 8,70 (= 10
/1,15) Euro zahlen. Legte der Euro nun auf 1,20
Dollar zu, so fällt bei gleichem Aktienkurs der
Wert der Position für einen Euro-Anleger auf
8,33 (= 10 / 1,20) Euro.
Neben den „Standards" - also Kursziel und Zeitraum - ist bei einer Anlage in Fremdwährung
auch noch die Abschätzung des Wechselkurses
wichtig.
Last but not least wird noch eine Volatilitäts-
schätzung benötigt. Beim Dax konnte der VDax
als Hilfsmittel verwendet werden. Zwar gibt es
keinen Volatilitätsindex für den Dow Jones,
allerdings für den S&P 500 (Symbol: QQV). Im
Juni/Juli 2002, als der Dow Jones von rund
10.000 auf 7.700 Punkte einbrach, stieg der

Volatilitätsindex des S&P 500 von 38 auf 57 Prozent. Im Zeitraum August/Oktober 2002, als der Dow Jones Industrial nochmals kräftig korrigierte, legte die Volatilität von 38 auf 54 Prozent zu. Da sich die Implieds bei einem Kurseinbruch in die für Warrants günstige Richtung entwickeln, sollte man eher etwas vorsichtiger schätzen und beispielsweise von einem Anstieg von derzeit 16 auf 30 Prozent ausgehen.

Das vollständige Dow-Szenario lautet also: Der US-Index sinkt innerhalb von 2 Monaten beispielsweise von rund 9.800 auf 7.700 Punkte. Dabei legt die Implizite Volatilität von 16 auf 30 Prozent zu. Zeitgleich steigt der Euro von 1,16 auf 1,25 US-Dollar. Parallel hierzu wird ein Absturz auf 7.500 Punkte und ein Anstieg der Impliziten Volatilität auf 50 Prozent berechnet.

Bei den Hebelzertifikaten werden die beiden Turbos mit Laufzeitbegrenzung in den Berechnungen nicht berücksichtig. Aufgrund des

Hebelprodukte auf DOW JONES INDUSTRIAL

WKN	Emittent	Typ	Strike	Barrier	Laufzeit	Bezu. Verh.	Geld	Brief	Hebel
817 215	Société Générale	Short	10.338,60	10.024,00	open end	0,01	4,65	4,8	17,49
817 216	Société Générale	Short	10.545,23	10.224,00	open end	0,01	6,41	6,59	12,74
238 709	ABN Amro	Short	10.927,00	10.610,00	open end	0,01	9,69	9,89	8,49
145 205	Commerzbank	Short	10.875,74	10.690,00	open end	0,01	10,77	10,92	7,69
329 762	ABN Amro	Short	11.487,00	11.150,00	open end	0,01	14,51	14,71	5,71
556 808	Commerzbank	Short	11.993,07	11.820,00	open end	0,01	21,95	22,1	3,8
548 648	ABN Amro	Short	13.000,00	12.600,00	01.11.2004	0,01	27,74	27,94	3
254 016	Société Générale	Short	16.600,00	16.600,00	26.11.2004	0,01	58,86	59,02	1,42

Puts auf DOW JONES INDUSTRIAL

WKN	Emittent	Basis-preis	Wäh-rung	Fällig-keit	Bezu. Verh.	Geld-Kurs	Brief-Kurs	Omega	Spread homogen.	Implizite Volatilität
949 193	Dresdner Bank	6.000,00	USD	17.06.2004	0,001	0,019	0,029	– 8,74	10	34,52%
949 194	Dresdner Bank	6.500,00	USD	17.06.2004	0,001	0,031	0,041	– 8,89	10	31,83%
738 751	Goldman Sachs	7.000,00	USD	18.06.2004	0,002	0,075	0,085	– 9,99	5	27,22%
773 657	Goldman Sachs	7.000,00	USD	19.03.2004	0,002	0,026	0,036	– 13,57	5	28,87%
950 633	Citigroup	7.000,00	USD	18.03.2004	0,001	0,014	0,024	– 12,8	10	30,55%
964 567	Citigroup	7.000,00	USD	17.06.2004	0,001	0,044	0,054	– 9,3	10	28,80%
743 919	Deutsche Bank	7.000,00	USD	17.06.2004	0,001	0,055	0,065	– 8,63	10	30,12%
684 911	Dresdner Bank	7.000,00	USD	17.06.2004	0,001	0,051	0,061	– 8,86	10	29,66%
743 921	Deutsche Bank	7.500,00	USD	17.06.2004	0,001	0,085	0,095	– 8,6	10	28,01%
684 912	Dresdner Bank	7.500,00	USD	17.06.2004	0,001	0,079	0,089	– 8,86	10	27,49%
964 568	Citigroup	7.500,00	USD	17.06.2004	0,001	0,074	0,084	– 9,09	10	27,04%
950 635	Citigroup	7.500,00	USD	18.03.2004	0,001	0,028	0,038	– 12,8	10	27,86%
743 923	Deutsche Bank	8.000,00	USD	17.06.2004	0,001	0,13	0,14	– 8,47	10	26,12%
148 257	Commerzbank	8.000,00	USD	16.06.2004	0,001	0,12	0,13	– 8,8	10	25,50%
148 245	Commerzbank	8.000,00	USD	17.03.2004	0,001	0,061	0,071	– 11,93	10	26,50%
950 637	Citigroup	8.000,00	USD	18.03.2004	0,001	0,056	0,066	– 12,32	10	25,87%
684 913	Dresdner Bank	8.000,00	USD	17.06.2004	0,001	0,12	0,13	– 8,8	10	25,45%
964 570	Citigroup	8.000,00	USD	17.06.2004	0,001	0,12	0,13	– 8,8	10	25,45%
743 925	Deutsche Bank	8.500,00	USD	17.06.2004	0,001	0,2	0,21	– 8,14	10	24,59%
684 914	Dresdner Bank	8.500,00	USD	17.06.2004	0,001	0,19	0,2	– 8,39	10	24,06%
148 258	Commerzbank	8.500,00	USD	16.06.2004	0,001	0,19	0,2	– 8,39	10	24,11%
950 639	Citigroup	8.500,00	USD	18.03.2004	0,001	0,1	0,11	– 11,94	10	23,76%
964 572	Citigroup	8.500,00	USD	17.06.2004	0,001	0,19	0,2	– 8,39	10	24,06%
148 246	Commerzbank	8.500,00	USD	17.03.2004	0,001	0,11	0,12	– 11,4	10	24,61%

hohen Basispreises besitzen sie ohnehin nur eine geringe Hebelwirkung und sind daher uninteressant. In der Auswahl enthalten sind auch zwei Quanto-Hebelzertifikate der Commerzbank. Bei einem Quanto-Zertifikat erfolgt die Umrechnung nicht zum aktuellen Devisenkurs, sondern im Verhältnis eins zu eins. Damit erzielen Anleger die „tatsächliche" Performance des Basisobjekts und schalten Währungsrisiken somit aus. Umgekehrt entfallen damit auch sich bietende Währungschancen.

Von den zunächst 24 Puts auf den Dow Jones bleiben schlussendlich die nachfolgenden zehn Optionsscheine übrig. Bei nahezu identischen Ausstattungsmerkmalen wurde der Warrant mit der geringsten Impliziten Volatilität ausgewählt. Lediglich bei dem Put mit einem Basispreis von 7.000 Punkten und Fälligkeit im März 2004 wurde der Schein von Goldman Sachs bevorzugt. Dessen Implied unterscheidet sich kaum von dem Warrant der Citigroup, dafür liegt der Spread mit 5,00 Euro nur bei der Hälfte.

WKN	Emittent	Basispreis	Fälligkeit
950 639	Citigroup	8.500,00	18.03.04
684 914	Dresdner Bank	8.500,00	17.06.04
684 913	Dresdner Bank	8.000,00	17.06.04
950 637	Citigroup	8.000,00	18.03.04
964 568	Citigroup	7.500,00	17.06.04
950 635	Citigroup	7.500,00	18.03.04
738 751	Goldman Sachs	7.000,00	18.06.04
773 657	Goldman Sachs	7.000,00	19.03.04
949 194	Dresdner Bank	6.500,00	17.06.04
949 193	Dresdner Bank	6.000,00	17.06.04

Die Wertentwicklung der Mini-Futures ist nicht weiter überraschend. Erwartungsgemäß weist das Hebelzertifikat mit dem niedrigsten Basispreis (und folglich dem höchsten Omega) die stärkste Performance aus. Lohnenswert ist aber auch ein Blick auf die unterschiedliche Performance des

Turbos

Basispreis	Anmerkung	Kursziel theor. Kaufkurs	7.700 Theo. Wert	7.500	7.700 Theo. Performance	7.500
10.339		4,81	20,95	22,55	335,2%	368,5%
10.545		6,59	22,60	24,20	243,1%	267,4%
10.927		9,87	25,65	27,25	160,0%	176,2%
11.487		14,67	30,12	31,72	105,3%	116,2%
10.876	Quanto	10,98	31,55	33,55	187,4%	205,6%
11.993	Quanto	22,15	42,70	44,70	92,8%	101,8%

Optionsscheine

Basispreis	Fälligkeit	Impl. Volatilität Kursziel akt. Kurs	40% 7.700 Theo. Wert	50% 7.500	40% 7.700 Theo. Performance	50% 7.500
8.500	18.03.04	0,110	0,84	1,05	665,4%	856,0%
8.500	17.06.04	0,200	1,02	1,27	408,3%	535,6%
8.000	18.03.04	0,066	0,58	0,78	773,9%	1.076,8%
8.000	17.06.04	0,130	0,77	1,01	489,0%	676,9%
7.500	18.03.04	0,038	0,37	0,58	883,0%	1.421,3%
7.500	17.06.04	0,084	0,63	0,82	650,6%	871,2%
7.000	19.03.04	0,041	0,37	0,62	804,4%	1.399,5%
7.000	18.06.04	0,089	0,69	1,09	671,0%	1.119,6%
6.500	17.06.04	0,043	0,23	0,40	442,6%	833,1%
6.000	17.06.04	0,029	0,13	0,26	361,1%	813,2%

währungsgesicherten Quanto-Zertifikats mit einem Basispreis von 10.876 Punkte und dem ungesicherten Mini-Future mit einem ähnlichen Basispreis von 10.927 Zählern. Obwohl das Papier von ABN Amro ein höheres Omega (8,49 im Vergleich zu 7,69) besitzt, performt das Quanto-Zertifikat deutlich besser. Tatsächlich wurde von Onvista das Quanto-Zertifikat falsch berechnet, so dass das korrekte Omega bei (-) 8,90 liegt. Dennoch dürfte die Wertentwicklung der beiden Hebelzertifikate nicht so stark differieren.

Ermittelt man auf Basis des Omegas die erwartete Performance, so stünde einer Wertentwicklung von 181 Prozent beim ABN-Papier einem Zuwachs von 189 Prozent beim Commerzbank-Zertifikat gegenüber. Dass die tatsächliche Performance dann in der Simulation doch deutlicher abweicht, hängt mit der Entwicklung des Euro zusammen. Der Anstieg um rund 7 Prozent drückt die Performance des währungsungesicherten Zertifikats auf 168 Prozent. Parallel hierzu sinkt der Basispreis aufgrund der Euroentwicklung um über 7 Prozent und zudem nochmals leicht durch die Berücksichtigung von Zinsen und Dividendenausschüttung. Gemeinsam bewirken diese Effekte, dass die über ein Mini-Future-Modell errechnete Performance unter der über das Omega ermittelten Wertentwicklung liegt.

Obwohl sich die Implizite Volatilität in die für Warrants günstige Richtung entwickelt, ist der Top-Performer dennoch nicht der Put mit dem höchsten (negativen) Omega. Es zeigt sich hier eine Art „Performance-Glockenkurve" um das Kursziel. Die Performance des 8.000er-Puts liegt gerade einmal rund 30 Prozent hinter der hochspekulativen Variante des 7.000er-Verkaufsoptionsscheins. Letzterer hat nur einen massiven Performance-Vorsprung, wenn sich der Dow mit 7.500 Punkten näher an den Basispreis heranbewegt.

Außerdem zeigt sich, dass der Wertzuwachs bei den Optionsscheinen weitaus höher ausfällt als bei den Hebelzertifikaten. Auch dies ist angesichts der höheren Omegas bei den Optionsscheinen nicht verwunderlich.

Daher lassen sich für die Wahl des richtigen Puts wiederum Faustregeln aufstellen:

Tipps für den richtigen Put

1. Ein Kursszenario entwickeln (Kursziel und Zeitraum).

2. Bei der Laufzeit ein Sicherheitspolster berücksichtigen (je länger der Anlagezeitraum, umso größer sollte der Puffer sein).

3. Der Basispreis sollte in einem kurzfristigen Szenario in etwa dem Kursziel entsprechen. Je länger der Anlagezeitraum gewählt wird, umso höher sollte der Basispreis über dem Kursziel liegen. Nur bei sehr kurzfristigen Trades kann ein aggressiverer Strike gewählt werden.

4. Bei der Auswahl des Basispreises auf das Volatilitätsniveau achten: Bei einem Basisobjekt, dessen aktuelle Implizite Volatilität

auf einem historisch betrachtet hohen Niveau liegt, kann der Zeitwertverlust empfindlich ausfallen. Daher vorsichtshalber - insbesondere bei einer langen Haltedauer - einen abermals höheren Basispreis bevorzugen.

5. Die eingegrenzte Auswahl an Optionsscheinen wird weiter nach Implizite Volatilität und Spread-Move sortiert. Das Omega kann als Risikokennzahl eingesetzt werden. Je höher dieser Wert ist, umso riskanter ist der Warrant.

6. Börsenumsätze spielen keine Rolle. Bei einem Warrant mit hohem Umsatz spart man zwar u.U. einen Teil des Spreads, wenn der Warrant aber dennoch teurer ist als ein vergleichbar ausgestatteter Schein, so geht dieser Vorteil wieder verloren.

Auch für Shorts (bear-Zertifikate) lassen sich entsprechende Faustregeln finden:

Tipps für den richtigen Short

1. Ein Kursszenario entwickeln (Kursziel und Zeitraum).

2. Der Basispreis (beziehungsweise die Knock-out-Schwelle) sollte dem persönlichen Risikoprofil entsprechen: Je risikoscheuer ein Anleger ist, umso höher sollte der Basispreis gewählt werden.

3. Gleiches gilt für die Marktnähe: Je seltener ein Anleger innerhalb des Tages die

Wertentwicklung seines Shorts verfolgen kann, umso höher sollte der Basispreis angesetzt werden.

4. Auch bei Shorts unbedingt die Geld-Brief-Spanne (Spread) beeachten!

5. Börsenumsätze spielen keine Rolle. Ausnahmen sind bestenfalls exotische Underlyings mit sehr hohen Spreads.

Zusammenfassung

Genauso entscheidend wie die Auswahl des Basiswerts ist die Wahl des richtigen Hebelinstruments. Hier werden oftmals entscheidende Fehler begangen, da sich gerade Einsteiger zu sehr am einfachen Hebel orientieren. Die Beispiele zeigen, dass in der Regel Optionsscheine mit Basispreisen in der Nähe des Kursziels und mit ausreichender Restlaufzeit die beste Performance erzielen. Bei der Wahl des Basispreises sind aber auch die Anlagedauer sowie das aktuelle Niveau der Impliziten Volatilitäten im Vergleich zur Vergangenheit zu beachten.

Grundsätzlich sind Turbo-Zertifikate zu bevorzugen, wenn man auf eine sehr kurzzeitige, moderate Kursentwicklung spekulieren möchte. Eindeutig im Vorteil sind hingegen Optionsscheine bei heftigen Kurseinbrüchen. Wie das Beispiel eines zwölfprozentigen Dax-Anstiegs zeigt, hängt die Entscheidung Pro oder Contra Turbo vom Anlagehorizont ab: Erwartet der Anleger eine entsprechende Performance innerhalb einer sehr kurzen Zeit, so können Options-

scheine durchaus punkten. Spielt sich die Kursbewegung aber eher in einem mittelfristigen
Zeitraum ab, bringt der damit verbundene Zeitwertverlust die Optionsscheine ins Hintertref-
fen. Ein einfaches Mittel, um abzuschätzen,
welches Hebelprodukt die bessere Wahl ist, stellt
das Omega dar. In der Regel ist der Hebeleffekt
bei Turbos größer. Können jedoch Optionsscheine
mit ähnlichen Werten aufwarten, so sollte unter
Risikoaspekten (Gefahr des vorzeitigen Knock-
outs) der Warrant bevorzugt werden.

Datenbanken im Web

Das Internet bietet eine Fülle von Informationen. Neben dem Angebot der Emittenten sind die großen Finanzinformationsseiten
Anlaufstelle für die Suche nach Optionsscheinen
und Turbos. Standardmäßig verfügen alle Anbieter über Suchmasken und Optionsschein-
und/oder Turbo-Rechner, um Kursziele für die
Hebelinstrumente zu bestimmen.
Die Pflege einer Datenbank hat nichts mit stupi-
der Eingabetätigkeit zu tun, sondern erfordert
viel Sachverstand. In den allermeisten Fällen er-
füllen auch sämtliche Datenbankanbieter hohe
Ansprüche, lediglich bei bestimmten Details wird
man nicht immer den Erwartungen gerecht.

Onvista
Die bekannteste Quelle für Informationen rund
um Optionsscheine und Turbos ist die Web-Seite

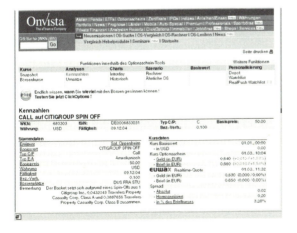

von Onvista (www.onvista.de). Derzeit ist das Kölner Finanzportal der einzige Anbieter von Realpush-Watchlisten.

Die Einstiegsseite „Zertifikate" (unter der auch Hebelprodukte geführt werden) ist allerdings wenig informativ. Über „Vergleiche" und „Hebelprodukte" gelangt der User zu den Turbos. Mit Hilfe einer Suchmaske lässt sich hier problemlos der gewünschte Basiswert selektieren.

Die Anzeige des Suchergebnisses ist sehr übersichtlich, wenngleich bereits hier ein Hinweis auf Besonderheiten (beispielsweise bei Quanto-Zertifikaten) wünschenswert wäre. Dies ist jedoch bei keinem Anbieter der Fall. In der Detailansicht findet der User dann Hinweise auf besondere Ausstattungsmerkmale.

Ebenfalls gut gelungen ist der Menüpunkt Optionsscheine. Geschmackssache ist jedoch, ob man bei Nebenwerten wirklich nach Börsenplätzen unterscheiden muss, nur weil der Emittent die Parkettbörse oder Xetra bevorzugt. Vielleicht hätte auch ein Hinweis auf den Börsenplatz, auf Basis dessen der Optionsschein berechnet wird, ausgereicht.

Finanztreff.de

Als eine der ersten Internetseiten überhaupt bot Finanztreff.de (www.finanztreff.de) den Anlegern Kurse in Echtzeit an. Das Informationsangebot umfasst mittlerweile Anleihen bis Knockouts und Optionsscheine. Auf der Einstiegsseite findet der Anleger neben mehr oder weniger sinn-

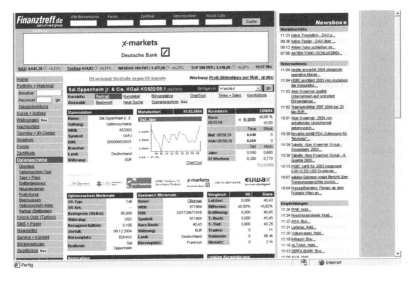

vollen, aber dennoch sehr beliebten Hitlisten (Gewinner, Verlierer, umsatzstarke Werte) auch eine Auflistung der zuletzt ausgestoppten Turbos. Im Menüpunkt „Knock-out-Tool" lassen sich problemlos Knock-out-Papiere filtern. Die Auflistung lässt sich nach allen dargestellten Kriterien (u.a. Hebel, Basispreis, Stop-Loss-Marke) sortieren.

Der Seitenaufbau ist ebenfalls sehr übersichtlich. Ähnlich wie bei Onvista können auch hier weitere Details zum Optionsschein, aber auch zum Basiswert eingesehen werden.

Ein ganz zentraler Vorteil bei den Berlinern sind sicherlich die permanent sichtbaren über der Liste getroffenen Einstellungen, mit der dann auf der gleichen Seite die Suche verfeinert werden kann. Nerviges Hin und Her zwischen den Suchmasken entfällt.

Ariva

Genauso wie bei den beiden anderen Anbietern kann der Anleger auch bei Ariva (www.ariva.de) mühelos nach Turbo-Zertifikaten und Options- scheinen suchen. Ein besonderes Schmankerl: Über ein Drop-Down-Feld lassen sich Turbos auf beliebte Basiswerte schneller finden.

Auf der Einstiegsseite findet der Anleger Infor- mationen zu Neuemissionen sowie von anderen Usern definierte Suchkriterien für bestimmte Spekulationen. Einzigartig ist die Knock-out- Map. Auf dieser lässt sich wahlweise die Zahl der ausstehenden Turbos für einen bestimmten Basispreis oder alternativ der Umsatz in einem bestimmten Produkt darstellen.

Der Seitenaufbau ist gewöhnungsbedürftig und nicht sehr übersichtlich.

Optionsscheine.de

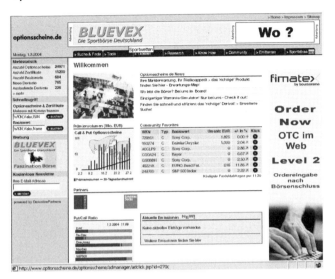

Relativ spät auf den deutschen Markt kam der Anbieter Optionsscheine.de (www.optionsscheine.de). Dahinter verbirgt sich der Schweizer Marktführer Warrants.ch.

Sehr erfreulich ist die Geschwindigkeit des Seitenaufbaus und die Art und Weise der Suchfunktion. Im Gegensatz zu den anderen Anbietern lässt die Suchmaske bei Optionsscheine.de eine Suche über alle Derivate hinweg zu, also sowohl bei Optionsscheinen als auch Turbos oder Discount-Zertifikaten. Anzumerken ist, dass Daten zu einzelnen Wertpapiere in einem separaten Fenster aufgelistet werden. Die Qualität der Datenbank lässt derzeit noch zu wünschen übrig. Dies soll sich jedoch schon bald ändern.

Kleine Ärgernisse

Bei Turbos und Optionsscheine auf Standard-
werte fielen bei keinem Datenbankanbieter Fehler auf. Aufgrund der Vielzahl der Treffer sticht
auch eine fehlende Neuemission nicht ins Auge.
Daher dürften auch nahezu 100 Prozent der
Anleger zufrieden sein.

Es sind aber eher die Kleinigkeiten, die stören.
Keine der vier Datenbanken berechnete beispielsweise den Schein von Sal. Oppenheim auf Citigroup (ISIN: DE0006833031), der vor dem
Spin-off von Travelers A und Travelers B emittiert wurde, korrekt. Onvista zeigte zwar den
korrekten Basketkurs an, verzichtet aber schein-
bar auf die Berechnung von aktuellen Kennzahlen. Die Kölner waren jedoch die Einzigen, die
den Spin-off erwähnten. Finanztreff.de, Ariva
und Optionsscheine.de unterschlugen den Wert
der beiden Travelers-Aktien. Statt eines korrekten Inneren Wertes von 0,26 Euro veröffentli-
chen beide nur einen Wert von rund 0,09 Euro.
Entsprechend falsch sind auch weitere Options-
scheinkennzahlen.

Ebenso ein Ärgernis: Der Optionsschein von
Société Générale auf Roche Genussscheine (ISIN:
DE0009511659) wurde bei keiner Datenbank
mit dem korrekten Underlyingkurs belegt. Bei
Finanztreff.de wurde der Kurs in Euro ange-
zeigt, die Kennzahlen aber korrekt berechnet.
Unklar ist, warum die Anleger auf diese Art und
Weise verwirrt werden. Onvista berechnet zwar
auch korrekte Kennzahlen, verwirrend ist hier

jedoch der fehlerhafte Eintrag bei Underlying-kurs und Datum. Ariva und Optionsscheine.de berechnen den Warrant gar auf Basis der Inhaber-Aktie, die um rund die Hälfte teurer ist. Auch bei einem anderen Optionsschein auf Roche GS haben Onvista, Ariva und Optionsscheine.de ein falsches Basisinstrument, nämlich die Inhaberaktie.

Selten, aber dennoch hin und wieder kommt es auch zu Kapitalmaßnahmen, woraufhin die Konditionen von Optionsscheinen, Turbos und anderer Derivate angepasst werden müssen. Am schnellsten reagierten Finanztreff.de und Ariva und pflegten noch am Tag der Kapitalmaßnahme bei SGL Carbon die Anpassungen ein. Onvista und Optionsscheine.de zeigten noch zwei Tage später falsche Stammdaten an.

Nach entsprechenden Hinweisen haben nahezu alle Datenbankanbieter die diversen Fehler übrigens behoben. Für die entsprechenden Hinweise waren alle vier Unternehmen dankbar.

Nobody is perfect!

Nur wer schon selbst eine Datenbank pflegte, weiß, wie unmöglich es ist, die Daten fehlerfrei auf dem aktuellen Stand zu halten. Die aufgezeigten Mängel sind daher auch nicht gravierend, da sie durch einen Vergleich mit den Daten eines anderen Anbieters oder direkt mit denen des Emittenten entdeckt werden können. Die dargestellten Fehler dürften zudem für die wenigsten Anleger von Interesse sein. Anleger sollten aber bei „eigenartigen" Bewertungen die Kennzahlen mit den Angaben des Emittenten abgleichen und vielleicht auch im Hinterkopf behalten, dass niemand perfekt ist.

Abzinsen:

Um den heutigen Wert zukünftiger Erträge zu ermitteln, müssen diese unter Berücksichtigung des gegenwärtigen Zinsniveaus abgezinst/abdiskontiert werden. Je weiter eine Zahlung in der Zukunft liegt, umso geringer ist ihr heutiger Wert. Den abdiskontierten Wert bezeichnet man auch als Barwert einer Zahlung.

Amerikanisches Optionsrecht:

Optionsscheine mit amerikanischem Optionsrecht können jederzeit während der Laufzeit ausgeübt werden (à Ausübungsfrist).

Am Geld:

Bei einem Optionsschein, der sich „am Geld" (engl.: at the money) befindet, entspricht der Basispreis dem Kurs des Basiswertes (Underlyings). Der innere Wert liegt in diesem Fall bei Null.

Ask-Kurs:

Englische Bezeichnung für den Briefkurs.

Aufgeld:

Das Aufgeld - auch Agio genannt - gibt an, um welchen Betrag der indirekte Kauf (Call) bzw. Verkauf (Put) des Underlyings über ein Hebelinstrument teurer ist als der direkte Erwerb oder die direkte Veräußerung des Underlyings über den Kassamarkt. Das Aufgeld (angegeben in Prozent) gibt somit an, um welchen Prozentsatz der Kurs des Basiswertes steigen (Call) oder

fallen (Put) muss, damit der Käufer des Optionsscheins am Ende der Laufzeit die Kosten abdeckt
(à jährliches Aufgeld).

Aus dem Geld:

Befindet sich ein Optionsschein „aus dem Geld"
(out of the money), so ist der Innere Wert negativ, das heißt, der Kurs des Underlyings liegt unter (Call) bzw. über (Put) dem Basispreis.

Außerbörslicher Handel:

Beim außerbörslichen Handel findet der Abschluss eines Wertpapiergeschäfts ohne Einschaltung eines Maklers an einer Börse direkt
zwischen dem Emittenten und der Bank des Anlegers statt.

Ausübungsfrist:

Die Laufzeit oder auch Ausübungsfrist ist der
Zeitraum, in dem das Optionsrecht (nur amerikanisches Optionsrecht) ausgeübt werden kann.
Mit Ablauf der Frist erlischt das Optionsrecht.

Ausübungstag:

Der Ausübungstag ist der Tag, an dem das Optionsrecht (europäisches Optionsrecht) ausgeübt
werden kann.

Automatische Ausübung:

Hierunter versteht man die automatische Feststellung und die Weiterleitung eines eventuell
positiven erzielbaren Differenzbetrags an den In

haber des Optionsrechts durch den Emittenten.

Barausgleich (Cash Settlement):

Gemäß den Optionsbedingungen erhält der Inhaber vom Emittenten die physische Lieferung (Call) bzw. Annahme (Put) des Underlyings oder statt dessen einen Barausgleich (= Differenz zw. aktuellen Kurs des Underlyings am Ausübungstag und dem Basispreis).

Barrier-Optionen:

Barrier-Optionen sind exotische Optionen, bei denen das Optionsrecht erst aktiviert oder verfällt, wenn das Basisobjekt die vorher festgelegte Barriere (engl.: Barrier) berührt oder überbeziehungsweise unterschreitet. Bei Turbos handelt es sich um Barrier-Out-Optionen, da das Optionsrecht mit dem Berühren der Barriere verfällt.

Basispreis (Strike):

Der Basispreis bzw. Bezugskurs, Bezugspreis oder auch Strike ist der Kurs, zu dem der Basiswert (Underlying) gekauft (Call) oder verkauft (Put) werden kann.

Basiswert:

Als Basiswert oder Underlying bzw. Basisobjekt bezeichnet man das Asset, das man mit dem Optionsschein oder dem Turbo beziehen (Call) oder verkaufen (Put) kann.

Bear:

Als Bear oder Bär wird ein Anleger mit einer negativen Einschätzung der künftigen Kursentwicklung bezeichnet. Man spricht daher auch von der bearishen Stimmung eines Anlegers.

Bezugsverhältnis (Ratio):

Das Bezugsverhältnis oder auch Optionsverhältnis gibt die Anzahl der Basiswerte an, die man durch die Ausübung eines Optionsscheins (beziehungsweise Turbos) beziehen (Call) beziehungsweise veräußern (Put) kann. Ist in den Emissionsbedingungen ein Barausgleich festgelegt, so versteht man hierunter die Zahl, die für die Berechnung des Differenzbetrags relevant ist.

Bid-Kurs:

Englische Bezeichnung für Geldkurs.

Black & Scholes:

Die beiden amerikanischen Wirtschaftsprofessoren Black und Scholes erstellten 1973 ein Optionspreisbewertungsmodell, das sich als Marktstandard zur Bewertung von Optionen und Optionsscheinen international durchgesetzt hat.

Break-even:

Eng verwandt mit dem Aufgeld ist der Break-even-Kurs oder auch Break-even-Punkt. Dieser gibt an, bei welchem Kurs des Underlyings unter Berücksichtigung der gezahlten Prämie eine verlustfreie Ausübung des Optionsrechtes möglich ist.

Briefkurs:

Angebotskurs des Wertpapiers.

Bull:

Anleger mit einer optimistischen Kurseinschät-
zungen werden als Bullen (engl.: Bull) bezeichnet. Dementsprechend wird ihre Markteinschät-
zung auch als bullish bezeichnet.

Call:

Ein Call oder auch Call-Warrant ist ein Kaufop-
tionsschein, der zum Bezug einer bestimmten
Anzahl des Basiswertes zu einem festgelegten
Preis Basispreis innerhalb oder am Ende einer bestimmten Laufzeit berechtigt.

Cost of carry:

Mit „cost of carry" werden die Finanzierungskosten des Emissionshauses für seinen De-
ckungsbestand bezeichnet. Die Finanzierungskosten ergeben sich aus dem Zinsaufwand für
die Refinanzierung abzüglich der daraus vereinnahmten Erträge.

Covered Warrants:

Im Gegensatz zu den „klassischen" Aktienop-
tionsscheinen, die im Rahmen von Kapitalbe-
schaffungsmaßnahmen von Unternehmen begeben werden, sind „Covered Warrants" von Investmentbanken aufgelegt. Im Unterschied zu
den klassischen Warrants erhöht sich bei einem
Covered Warrant im Falle einer Ausübung die

Anzahl der im Umlauf befindlichen Aktien nicht. Nur ein verschwindend kleiner Anteil der rund 25.000 derzeit ausstehenden Optionsscheine sind keine Covered Warrants.

Delta:

Das Delta gibt die absolute Veränderung des Optionsscheinpreises in Abhängigkeit von der Veränderung des Basisobjektes an. Aus mathematischer Sicht ist es die erste Ableitung des Optionsscheinkurses nach dem Kurs des Basisobjekts. Der Wertebereich des Deltas liegt für einen Call zwischen 0 und +1 und für einen Put zwischen -1 und 0.

Derivate:

Derivat ist die Kurzform für ein derivatives Finanzinstrument. Hierunter versteht man Finanzinstrumente, die von den traditionellen Kassaprodukten wie Aktien und festverzinsliche Wertpapiere abgeleitet wurden. Zu den derivativen Instrumenten gehören neben Forwards, Futures und Optionen auch Optionsscheine und Turbos. Derivate können einerseits ein Recht, andererseits aber auch die Verpflichtung zum Kauf oder Verkauf eines bestimmten Basisobjekts zu einem vereinbarten Zeitpunkt zu festgelegten Konditionen beinhalten.

Differenzbetrag:

Bei Derivaten mit Barausgleich erhält der Inhaber bei Ausübung einen Differenzbetrag, welcher der positiven Differenz zwischen Kurs des Underlyings und Basispreis (Call) beziehungsweise der Differenz zwischen Basispreis und Kurs des Underlyings (Put) entspricht.

Emittentin/Emittent:

Geschäfts- oder Investmentbank, die Optionsscheine, Turbos oder andere Derivate auf den Markt bringt (= begibt oder emittiert).

Europäisches Optionsrecht:

Optionsscheine mit europäischem Optionsrecht können nur am Laufzeitende ausgeübt werden (à Ausübungstag).

Fair Value:

Der „faire" oder besser theoretische Wert eines Optionsscheines kann mithilfe der Bewertungsmodelle von Black/Scholes für europäische und McMillan/Stoll/Whaley für amerikanische Optionstypen berechnet werden.

Finanzierungslevel:

Der Finanzierungslevel entspricht bei der Emission dem Basispreis und ist vergleichbar mit dem ursprünglichen Kreditbetrag beziehungsweise Guthaben. Bis zur (monatlichen) Anpassung bleibt dieser Wert konstant. Dagegen verändert sich der Basispreis täglich.

Forwards:

Termingeschäfte auf individueller vertraglicher

Basis, die nicht an der Börse gehandelt werden.

Futures:

Termingeschäfte, deren Ausgestaltung standardisiert ist und die zentral an einer Börse (z.B. EUREX) gehandelt werden. Der Käufer eines Futures verpflichtet sich, einen bestimmten Basiswert zu einem festgelegten Zeitpunkt und zu einem vorab vereinbarten Preis zu kaufen. Der Verkäufer des Futures verpflichtet sich, zu den entsprechenden Konditionen zu liefern.

Gamma:

Das Gamma gibt an, um wie viel sich das Delta ändert, falls sich das Underlying um eine Einheit ändert. Die Kennzahl ist die Ableitung des Deltas nach dem Kurs des Basisobjekts bzw. die zweite Ableitung des Optionsscheinkurses nach dem Kurs des Basisobjekts.

Geld-Brief-Spanne:

Die Differenz zwischen Geld- und Briefkurs eines Optionsscheines ist die Geld-Brief-Spanne (engl. Spread). Beim Kauf eines Warrants muss der Anleger den höheren Briefkurs bezahlen, während beim Verkauf der niedrigere Geldkurs relevant ist.

Geldkurs:

Nachfragekurs des Wertpapiers.

Glattstellen:

Hierunter versteht man den Verkauf vorher gekaufter Wertpapiere ebenso wie den Rückkauf leerverkaufter Wertpapiere (à Leihe).

Hebel:

Der einfache Hebel, auch Gearing genannt, eines Optionsscheins berechnet sich als Quotient aus dem Kurs des Basisobjekts und dem Kurs des Hebelinstruments, multipliziert mit dem Bezugsverhältnis. Der Hebel eines Optionsscheins ist eine Messzahl für den Kapitaleinsatz. Er zeigt an, wie viele Optionsscheine - bereinigt um das Bezugsverhältnis -für den Preis des Basiswertes erworben werden können. Diese Interpretation weicht markant von der Vorstellung ab, der Hebel gebe Auskunft darüber, um wie viel Prozent der Kurs eines Optionsscheins steigt, wenn der Preis des Basisobjekts um ein Prozent anzieht. Der Hebel als Maßstab für den Kursgewinn des Optionsscheins kann bestenfalls bei Warrants, die tief im Geld notieren, herangezogen werden. Beim Knock-out-Produkt ist der Hebel aufgrund der geringen Prämien besser geeignet, um die Performance zu ermitteln. Aber auch ergeben sich bei einem längeren Anlagehorizont durchaus gravierende Unterschiede zwischen der tatsächlichen Performance und der Wertentwicklung, die mithilfe des Hebels ermittelt wurde.

Hebeleffekt:

Der Anlagereiz von Optionsscheinen und Turbos besteht im Wesentlichen darin, dass das Risiko auf den anfänglichen Kapitaleinsatz beschränkt ist und der Anleger überproportional an der Kursentwicklung des Basiswertes partizipieren kann. Diese Eigenschaft wird als „Hebeleffekt" bezeichnet, wobei zwei verschiedene Definitionen in der Literatur zu finden sind: der „einfache Hebel" oder „Gearing" und der „Theoretische Hebel" oder Leverage.

Hedging:

Unter Hedging versteht man die Absicherung von Wertpapieren, zum Beispiel eines Aktienportfolios. Die Absicherungstechniken mit Optionen und Optionsscheinen lassen sich in statischen Hedge (Fixed Hedge) und dynamischen Hedge (Delta Hedge) unterteilen.

Historische Volatilität:

Aus den historischen Kursen des dem Derivat zugrundeliegenden Wertpapiers kann die historische Schwankungsbreite (= Volatilität) berechnet werden. Zur Ermittlung der Volatilität eines Jahres werden die letzten 250 Börsentage herangezogen. Die historische Volatilität ist aber bestenfalls ein Anhaltspunkt für die Schwankungsbreite, die bei der Berechnung eines Derivats Beachtung findet (Implizite Volatilität).

Im Geld (in the money):

Befindet sich ein Optionsschein „im Geld", so ist der innere Wert positiv, das heißt, der Kurs des Underlyings liegt über (Call) bzw. unter (Put) dem Basispreis.

Implizite Volatilität:

Die Volatilität, die im Optionsscheinpreis enthalten ist. Sie wird durch die Auflösung einer Optionspreisformel (z.B. der von Black/Scholes) nach der Volatilität ermittelt. Die Implizite Volatilität entspricht der von Marktteilnehmern erwarteten Schwankungsbreite. Tendenziell sinkt die Implizite Volatilität bei steigenden Preisen des Basiswerts.

Innerer Wert (Parität):

Der innere Wert, auch als Parität bezeichnet, ist der Betrag, den der Optionsscheininhaber bei sofortiger Ausübung seines Optionsrechtes realisieren könnte. Die Parität errechnet sich aus der Differenz zwischen dem aktuellen Kurs des Underlyings und dem Basispreis des Optionsscheines unter Berücksichtigung des Bezugsverhältnisses.

Jährliches Aufgeld (Agio):

Das jährliche Agio (Aufgeld) gibt an, um welchen Betrag (in Prozent) die Aktie steigen (Call) bzw. fallen (Put) muss, damit dieses Aufgeld bis zum Ende der Laufzeit abgebaut ist.

Kassamarkt:

Am Kassamarkt werden die traditionellen Anlageformen Aktien und Zinsinstrumente gehandelt. Im Gegensatz zum Terminmarkt fallen bei Transaktionen, die am Kassamarkt getätigt werden, Geschäftsabschluss und Geschäftserfüllung zeitlich zusammen.

Kaufoptionsschein:

Siehe Call.

Knock-out:

Unter einem Knock-out versteht man bei einem Turbo-Zertifikat den vorzeitigen Verfall, nachdem der Basiswert die Stop-Loss-Marke unter- (Bull) beziehungsweise überschritten (Bear) hat.

Leihe:

Um auf fallende Kurse zu spekulieren, muss ein Anleger zunächst ein Wertpapier verkaufen, das er nicht besitzt (so genannter Leer-Verkauf). Daher leiht sich der Verkäufer (Leihnehmer) von einem Leihgeber das Wertpapier. Der Verkäufer hofft nun, dass er das Wertpapier zu einem günstigeren Kurs wieder kaufen kann und diese Papiere dann an den Leihgeber zurückgeben kann. Die Differenz ist der Gewinn des Leerverkäufers. Der Leihgeber verlangt für die Leihe ein Gebühr.

Long-Position:

Eine Long-Position entsteht durch den Kauf eines Calls, d.h. man spekuliert auf einen steigenden Underlyingkurs.

Market Making:

Um auch bei geringen Marktaktivitäten einen liquiden Handel zu gewährleisten, stellen die Emissionshäuser fortlaufend Geld- und Briefkurse für die von ihnen aufgelegten Derivate (Market Making).

Mini-Future:

Bezeichnung für ein Turbo-Zertifikat ohne Laufzeitbegrenzung.

Omega:

Das Omega berechnet sich bei einem Optionsschein als Produkt aus Hebel und Delta. Da ein Turbo-Zertifikat ein Delta von (nahezu) Eins besitzt, ist bei diesen Hebel und Omega (fast) identisch. Mittels des Omegas lässt sich zudem die prozentuale Wertentwicklung eines Optionsscheins genauer ermitteln. Gelegentlich findet man auch die Bezeichnungen „Tatsächlicher Hebel" oder Leverage.

Optionsschein:

Optionsscheine (engl. Warrants) verbriefen das Recht, einen bestimmten Basiswert zu einem bestimmten Basispreis während einer festgelegten Laufzeit (amerikanischer Optionstyp) oder zu einem bestimmten Termin (europäischer Optionstyp) gemäß einem bestimmten Bezugsverhältnis zu kaufen (Call) oder zu verkaufen (Put).

Optionsprämie:

Der Optionsscheinpreis wird auch als Optionsprämie bezeichnet. Der Preis eines Optionsscheins setzt sich aus zwei Komponenten, dem Inneren Wert und dem Zeitwert, zusammen.

Physische Lieferung:

Die tatsächliche Lieferung des Underlyings gegen Zahlung des Basispreises. Bei den meisten Covered Warrants wird die physische Lieferung des Underlyings ausgeschlossen und statt dessen das Cash Settlement bevorzugt.

Put:

Ein Put-Warrant ist ein Verkaufsoptionsschein, der zum Verkauf einer bestimmten Anzahl des Basiswertes zu einem festgelegten Basispreis innerhalb oder am Ende einer bestimmten Laufzeit berechtigt.

Restlaufzeit:

Die Restlaufzeit ist der verbleibende Zeitraum bis zur Fälligkeit des Optionsscheins beziehungsweise des Turbos.

Rho:

Diese Kennzahl misst die Veränderung des Optionsscheinpreises in Abhängigkeit von Zinsänderungen.

Short-Position:

Eine Short-Position entsteht durch den Kauf eines Puts, d.h. man spekuliert auf einen fallenden Underlyingkurs.

Short-Zertifikat:

Bezeichnung für ein Turbo-Zertifikat, bei dem ein Anleger von fallenden Kursen profitiert. Alternativ werden solche Papiere auch als Bear-Zertifikat bezeichnet.

Spot (Kassakurs):
Der Börsenkurs von Wertpapieren, bei dem das Angebot und die Nachfrage mit dem größten Umsatz Ausgleich findet.

Spread:
Siehe Geld-Brief-Spanne.

Stillhalter:
Der Verkäufer des Derivats (Emittentin) trägt das einseitige Ausübungsrisiko und wird deshalb auch Stillhalter genannt. Da Optionsschein und Turbos nur das Recht, aber nicht die Pflicht zur Ausübung verbriefen, muss die Emittentin bis zum Laufzeitende „stillhalten", ob der Inhaber sich zur Ausübung entschließt oder nicht.

Terminmarkt:
Im Gegensatz zu den Transaktionen am Kassamarkt müssen Geschäfte am Terminmarkt erst in der Zukunft erfüllt werden, Abschluss und Erfüllung des Geschäftes fallen somit zeitlich auseinander. Besteht für den Inhaber ein Wahlrecht das Geschäft auszuführen, wird es als bedingtes Termingeschäft bezeichnet. Bei unbedingten Termingeschäften muss die Transaktion zu einem vereinbarten Termin erfolgen.

Theoretischer Wert:
Mithilfe der Bewertungsmodelle von Black/-Scholes für europäische und McMillan/Stoll/-Whaley für amerikanische Optionstypen kann

ein theoretischer Wert (manchmal auch als „fairer" Wert bezeichnet) für den Optionsschein berechnet werden.

Theta:

Kennzahl, die angibt, um wie viel Prozent der Optionsschein während einer bestimmten Zeitperiode in Abhängigkeit der Restlaufzeit an Wert verliert.

Turbo-Zertifikat:

Turbo-Zertifikate (auch einfach nur als Turbos bezeichnet) profitieren aufgrund des Hebeleffekts überproportional von steigenden Kursen. Im Gegensatz zu einem Optionsschein besteht jedoch das Risiko eines vorzeitigen Knock-outs. Auch Turbos, bei denen Basispreis und Knock-out-Barriere nicht identisch sind (vorgeschalltete Stop-Loss-Marke), können dennoch wertlos verfallen.

Underlying:

Als Underlying oder Basiswert bzw. Basisobjekt bezeichnet man das Asset, das mit dem Optionsschein bezogen (Call) oder verkauft (Put) werden kann.

Vega:

Den größten Einfluss auf den Kurs eines Optionsscheins übt neben dem Kurs des Basisobjekts die Volatilität aus. Die Sensitivität des Optionspreises hinsichtlich einer Veränderung der

Volatilität wird anhand des Vegas gemessen. Das Vega ist als Ableitung des Optionsscheinpreises nach der Volatilität definiert.

Verkaufsoptionsschein:
Siehe Put.

Volatilität:
Die Volatilität ist ein Maß für die Breite der Kursschwankungen, denen das Underlying unterworfen ist. In der Optionsscheinpreistheorie unterscheidet man zwischen historischer und impliziter Volatilität.

Zeitwert:
Der Zeitwert entspricht der Differenz zwischen der Optionsscheinprämie und dem Inneren Wert. Mit abnehmender Restlaufzeit des Optionsscheins nimmt auch der Zeitwert ab. Auch bei unverändertem Kurs des Underlyings leidet somit ein Standardoptionsschein unter einem (Zeit-)Wertverlust.

James J. Cramer –
Bekenntnisse eines Wallstreet-Süchtigen

James J. Cramer kennt alle Facetten des Aktienmarktes. Er war bei Goldman Sachs, er war Vermögensverwalter und er war einer der erfolgreichsten Fondsmanager der 90er-Jahre. Seine Leser erhalten Einblick in die Mechanismen, nach denen „das große Geld" funktioniert und arbeitet. Sie erfahren, mit welchen Methoden Cramer dem Markt oftmals ein Stück voraus war.

285 Seiten / Hardcover / Bestellnr. 036-360

24,90 €

Michael Parness –
Beherrsche den Markt!

Der Karrierebeginn als Trader hätte für Michael Parness nicht schlechter ausfallen können: In kürzester Zeit verlor er fast sein ganzes Vermögen. Doch mit viel Disziplin und Arbeit schaffte er es, in nur 15 Monaten aus 33.000 Dollar, die ihm verblieben waren, die sagenhafte Summe von sieben Millionen Dollar zu machen. In seinem neuen Buch erzählt Parness nicht nur die Geschichte seines Erfolges. Viel wichtiger sind die Lehren, die er aus seinen anfänglichen Fehlern gezogen hat. „Beherrsche den Markt!" ist die perfekte Lektüre für Anleger, die mit Spaß und Erfolg an der Börse agieren wollen.

250 Seiten / geb. mit SU / Bestellnr. 036-090

24,90 €

James J. Cramer –
Abzocke! Hintermänner und Hintergründe des Crashs

James J. Cramer zeigt in diesem Buch, wie sich ein
Netzwerk aus Investmentbanken, Analysten und
Fondsmanagern während es Crashs auf Kosten der
Privatanleger bereichert hat. Cramer benennt „die
Bösen", die seiner Ansicht nach für die größte Geld-
vernichtung aller Zeiten verantwortlich sind. Doch
er will nicht nur entlarven, er will auch zeigen, wie
Anleger unter veränderten Bedingungen einen
Neuanfang wagen können.

117 Seiten / geb. mit SU / Bestellnr. 036-197   **19,90 €**

Jeremy Byman –
J.P. Morgan. Bankier einer wachsenden Nation

J.P. Morgan dirigierte von seiner New Yorker Woh-
nung aus über Jahre die Geldströme, die die USA am
Leben erhielten. Er hatte großen Anteil an der Finan-
zierung des Eisenbahnbaus und beherrschte zahlrei-
che Gesellschaften. Er stand mehr als 50 Jahre im
Mittelpunkt des Finanzsystems der USA und war
maßgeblich am Wachstum des Landes beteiligt. Dieses Buch ist nicht nur die Biografie eines Finanzge-
nies, sondern auch ein faszinierendes zeitgenössi-
sches Dokument, das tiefe Einblicke in die gewach-
sene Struktur der US-Finanzelite garantiert.

120 Seiten / geb. mit SU / Bestellnr. 036-170   **19,90 €**

Fredric Alan Maxwell –
Bad Boy Ballmer. Der Mann, der Microsoft regiert.

Mit „Bad Boy Ballmer" liefert Fredric Alan Maxwell eine nicht autorisierte Biographie eines der reichsten Männer der Welt und einer der einflussreichsten Persönlichkeiten der Software-Industrie. Schon aufgrund des Protagonisten kann dieses Buch nicht nur eine Biographie sein.
Mit Microsoft-CEO Ballmer untrennbar verknüpft sind die Namen „Bill Gates" und „Microsoft". Durch diese Konstellation erhält der Leser neben der Geschichte von Steve Ballmer auch einmalige Einblicke in einen der mächtigsten Konzerne der Welt. Spannend und informativ – absolut lesenswert.

256 Seiten / geb. mit SU / Bestellnr. 036-163   24,90 €

Hubert Roos –
Gold-Boom. Gewinne und Sicherheit mit Gold

Neben einer Anlage in physischem Gold können Investoren auf diverse Alternativen zurückgreifen: Zertifikate auf Gold und Goldminenaktien, Goldkonten, Goldminenaktien und Goldfonds. Hubert Roos vermittelt umfangreiches Hintergrundwissen und stellt die Bausteine vor, mit denen jeder Anleger seine persönliche Strategie für Gold in die Praxis umsetzen kann.

140 Seiten / geb. mit SU / Bestellnr. 036-214   19,90 €

✓ JA, ICH BESTELLE PER POST

☐ Visa oder Eurocard   Karten-Nr.

☐ Rechnung   Ablaufdatum

Kunden-Nr.

Name.

Straße

PLZ / Ort

Telefon / Telefax   ✓

Geburtsdatum

Datum   Unterschrift

Coupon einsenden oder faxen an: 0 92 21 / 6 79 53

Der Aktionär · Postfach 1449 · 95305 Kulmbach · Fon: 0 92 21 / 90 51 - 304 · Fax: 0 92 21 / 6 79 53 · E-Mail: s.kaske @ boersenmedien.de

Ich wünsche folgende Artikel:

(Bitte deutlich in Blockbuchstaben ausfüllen)

Stück	Bestell-Nr.	Kurz-Titel	Preis / €

Hinweis: Zahlung per Rechnung oder Nachnahme (zzgl. 6,70 €) möglich. Es gibt kein Rückgaberecht.
Ab einem Bestellwert von 20,– € portofrei (nur im Inland)
Lieferung im Inland (zzgl. 4,50 € Porto); Lieferung ins Ausland (europäische Union: zzgl. 6,20 € Porto)
(restl. Ausland auf Anfrage / nur gegen Vorauskasse).